日本比較法研究所翻訳叢書
54

ゼンガー教授講演集

ドイツ・ヨーロッパ民事法の今日的諸問題

インゴ・ゼンガー著
古積健三郎／山内惟介 編訳

Aktuelle Fragen des deutschen und europäischen Zivilrechts

Von
Ingo Saenger

中央大学出版部

装幀　道吉　剛

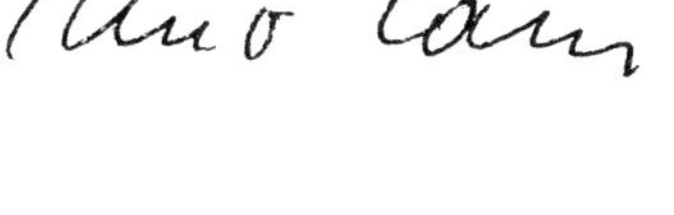

原著者まえがき

中央大学（東京）とヴェストフェーリッシェ・ヴィルヘルム大学（ミュンスター）との間でこれまで行われてきた法学の分野における交流はすでに二〇年以上に及んでいる。この間、日独両国の少なからざる教員が互いに協定校に赴き、少なくとも一ヶ月間滞在して、研究を行い、また講義等を行ってきた。こうした交流を通じて、思索の面でも交流が盛んに行われてきた。このことは、今年、ベルンハルト・グロスフェルト、山内惟介、ディルク・エーラース、石川敏行の四教授により編集され、刊行されたドイツ語版記念論文集、*Bernhard Großfeld, Koresuke Yamauchi, Dirk Ehlers* und *Toshiyuki Ishikawa*, Probleme des deutschen, europäischen und japanischen Rechts, Festschrift aus Anlass des 20-jährigen Bestehens der Partnerschaft der Westfälischen Wilhelms-Universität Münster und der Chuo-Universität Tokio auf dem Gebiet der Rechtswissenschaft, Berlin 2006 をみても、きわめて明確に示されていることが分かる。

この交流二〇周年を迎えた記念すべき年の九月から一〇月にかけてミュンスターから中央大学へ派遣されたことはわたくしにとって大きな喜びであり、かつ名誉でもある。わたくしに与えられたのは、わたくし自身の専攻領域の概観を提示するとともに、自国法圏内における最先端の論議を紹介するという課題であった。ドイツおよびヨーロッパにおける法の発展は、あたかも弓を引き絞るような緊張感の高まりによってもたらされたものであった。本書に収録された各論稿の主題は、売買法のほか、消費者保護法、そしてヨーロッパの契約法、会社法および企業法にも及んでいる。どのテーマもヨーロッパに関するものであるが、このことは、ヨーロッパ連合における法発展の活発な動きに起因する。というのは、ヨーロッパ連合が目指す法の調整がますます進行しているからである。こうした事実に対して法曹教育も決して目を閉ざすことができない。それゆえ、法曹教育も同じようにひとつの主題として取り上げられている。

客員教授として中央大学において心地よく過ごすことができ、またすばらしい職場環境を見出すことができたのは、両大学間の交流を長年にわたって心に掛けてこられた山内惟介教授の御蔭である。同教授の多方面に亘るたゆまぬ御努力に加えて、今回は、古積健三郎教授の御支援も頂戴した。これらお二人の御厚意——本書に収録された各論稿の翻訳作業をも含め——に対し、心から感謝したい。さらに中央大学に対しても、筆者を快く受け入れて下さったことに対して深謝申し上げたい。

ここに収録された各論稿をお読み下さる日本の読者が、ドイツおよびヨーロッパの民事法分野での興味深い展開を、とりわけ最新の知見を得られるならば、そして、両大学の交流が末永く続くならば、何より幸いである。

二〇〇六年一〇月、東京にて

インゴ・ゼンガー

（山内惟介 訳）

編訳者まえがき

本書は、ドイツ連邦共和国ヴェストフェーリッシェ・ヴィルヘルム大学（ミュンスター大学）のインゴ・ゼンガー教授が、中央大学とミュンスター大学の交流協定に基づいて二〇〇六年九月一六日より同年一〇月一五日まで中央大学の客員教授として来日された際に、中央大学法学部および中央大学比較法研究所において学生および教員向けに行なった五つの講演の原稿の日本語訳である。収録した五編のうち、第一の講演「民法、民事訴訟法、商法、会社法および経済法において遍在する消費者」は、中央大学法学部法律学科二年次開講科目「物権法」（古積担当、九月二五日三時限）の時間帯に、第二の講演「判例における『新しい』売買法」は、同「債権総論」（古積担当、九月二五日五時限）に、第三の講演「ドイツにおける法律学の学修」は、中央大学法学部国際企業関係法学科三年次開講科目「比較法文化論」（山内惟介教授担当、九月二八日一時限）の時間帯に、第四の講演「ヨーロッパ会社法・企業法の最近の展開」は、同「国際取引法」（山内教授担当、九月二八日二時限）の時間帯に、そして、第五の講演「ヨーロッパ契約法」は九月二九日に中央大学比較法研究所において行なわれた。

原著者ゼンガー教授は、一九六一年六月にヒルデンに生まれ、一九八一年から一九八六年までマールブルク大学で法律学を学んだ。一九八七年から一九九〇年まではマールブルク大学でレーザー教授に師事し、一九九〇年には会社法の分野の研究により博士号を取得した。その後、一九九三年から一九九七年まではイェーナ大学でヴェルナー教授のもとで助手を務め、一九九六年に民法、民事訴訟法、商法、会社法および経済法についての大学教授資格を取得した。そして、一九九七年にミュンスター大学正教授に招聘されて、今日に至っている。なおこの間、一九九九年からはハム上級ラント裁判所の判事の任にも当たられている。

実は私がゼンガー教授と知り合ってからはまだ二年しか経過しておらず、本書に掲載されている業績以外には特に私が同氏について披露できる話もない。しかし、中央大学とミュンスター大学の交流はすでに二〇年以上つづいているものであり、私自身も二〇〇五年の三月に客員教員としてミュンスター大学に招かれ担保法に関するつたない講演を行なったが、その際にゼンガー教授にはさまざまなサポートをしていただいた。同氏の気さくで明るい性格のおかげもあって、私はずいぶんミュンスターに慣れ親しむことができた。ところが、今度は私がゼンガー教授を迎える立場になったが、はたしてどれほどお役に立てたのかはなはだ心もとない。しかしながら、ゼンガー教授には極めて充実した内容の講演を行なっていただき、われわれ研究者のみならず、学生にとっても最近のドイツ法、ヨーロッパ法の動きを肌で感じるいい機会に恵まれたとつくづく感じている。

本来、本書の出版はもっと早くになすべきであったが、私自身が雑事にかまけ、またドイツ語能力に乏しいこともあって、今日まで延び延びとなってしまった。この点で関係者の方々には多大なご迷惑をおかけしたことをお詫び申し上げたい。とりわけ、五つの講演のうち三つの翻訳を担当していただいた山内惟介教授には、早々に原稿をまとめていただいたにもかかわらず出版が遅延してしまったことを非常に心苦しく思う次第である。二〇〇五年の大学間交流の際にゼンガー教授のお世話を受けたこともあって今回は私が編訳者としてのはしがきを書くことになったが、本来はむしろ山内教授こそ本書の編者にふさわしいご尽力をなされたことをここに強調しておきたい。

いずれにしても、今回ゼンガー教授の講演をこのような形で一つの本にまとめることができたことは、今後の中央大学とミュンスター大学との交流のますますの発展に寄与するであろう。また、数十年後に過去を振り返ることになったときにも、本書が一つの軌跡として両大学の関係者に受け止められることは間違いない。その意味でも、多忙の中講演のために貴重な時間を割いてくださり、さらには本書の出版も快諾してくださったゼンガー教授に、心から厚く御礼を申し上げたい。

二〇〇七年　六月一二日

編訳者を代表して　古積　健三郎

ゼンガー教授講演集

ドイツ・ヨーロッパ民事法の今日的諸問題――目　次

原著者まえがき　山内惟介 訳　*i*

編訳者まえがき　古積健三郎　*iii*

民法、民事訴訟法、商法、会社法および経済法において
遍在する消費者
Der allgegenwärtige Verbraucher im Bürgerlichen Recht, Zivilprozessrecht,
Handels-, Gesellschafts- und Wirtschaftsrecht
古積健三郎 訳　*1*

判例における「新しい」売買法——二〇〇二年から二〇〇六年
Das "neue" Kaufrecht in der Rechtsprechung 2002–2006
古積健三郎 訳　*31*

ドイツにおける法律学の学修
Das Studium der Rechtswissenschaften in Deutschland
山内惟介 訳　*55*

ヨーロッパ会社法・企業法の最近の展開
Aktuelle Entwicklungen des Europäischen
Gesellschafts- und Unternehmensrechts　山内惟介訳　*75*

ヨーロッパ契約法
——ヨーロッパ民事法実現のための準備段階か?——
Europäisches Vertragsrecht :
Vorstufe zum Europäischen Zivilrecht ?　山内惟介訳　*113*

インゴ・ゼンガー教授著作目録

索　引

民法、民事訴訟法、商法、会社法および経済法において遍在する消費者

Der allgegenwärtige Verbraucher
im Bürgerlichen Recht, Zivilprozessrecht,
Handels-, Gesellschafts- und Wirtschaftsrecht

古積健三郎 訳

目次

Ⅰ 序論
Ⅱ 消費者の概念
Ⅲ 民法
Ⅳ 商法
Ⅴ 会社法
Ⅵ 経済法
Ⅶ 民事訴訟法
Ⅷ 要約

Ⅰ 序 論

ヨーロッパ連合（ＥＵ）の法体系における消費者法の意義は明白である。消費者保護によって把握される領域はその法的基礎と同じように多様である。しかし、消費者とは誰であり、そしてその保護の要請はどこまで及ぶのだろうか。広範に指令（Richtlinie）によって定められたヨーロッパ法が転換されているドイツの法秩序は、まさに非常に区々とした表示による人々で「いっぱいである」。その際、どんな場合に交錯が生ずることになりうるのかは、――大まかに言えば――以下のように分類される。第一のグループは、もっぱら、法人と自然人との差異というような法形式に照準を合わせた表示をなす。第二のグループは、――所有者と占有者におけるように――物に対して存在するものであれ、あるいは人に対して存在するものであれ、もっぱら法律関係に左右される表示となる。後者のグループではさらに、――債権者ないし債務者、原告ないし被告のような――非個別的表示と、――買主ないし売主、賃借人ないし賃貸人、消費貸借の借主ないし貸主、被用者ないし使用者、旅行者ないし旅行企画者のような――ある法律関係を称する個別的表示とを区別することができる。第三のグループは、一方では人の性質に、また他方では人が置かれている特定の状況に結びついた表示をなす。そのような表示は、とりわけ特定の人のグループのために特別法が存在する場合に用いられる。これらは、たとえば商人のために明確に限定して、商法典（ＨＧＢ）の第一および第三部において規律されている。それに対して、消費者法の権利主体――すなわち消費者と事業者――は、二〇〇〇年にやっと一般的に妥当する規律を受けることとなった。その境界線は、判例および学説において依然として争われている。[1]

民法典（ＢＧＢ）一三条における消費者の定義は、――まさにこれに対応する民法典一四条の事業者のための規定と同じように――、隔地間（通信）販売法（FernAG）に依拠している。[2] これらの規律に関して「消費者概念」は統一されるべきであった。――少なくとも消費者を保護する民法典のすべての規定に関する効力に関して[3]。たとえこれを越えることまではないとしても――。というのは、部分的にはその諸規定が法律を越えて及ぶ「かぎ規範」とみなされ[4]、それはしかしおそらく行き過ぎるだろうからである。訪問販売撤回法（HausTWG）、消費者信用法（VerbrKrG）、隔地間販売法、一時的住居権法（TzWrG）等々、のような以前の独自の消費者保護法は、これに対して、一般的に妥当する消費者概念を用いず、上記の分類に従って、詳しく言えば、たとえば顧客および他の契約当事者という特別の法律関係に関して語っていた。約款指令の転換の結果はじめて、立法者が隔地間販売法の転換に際して民法典一三条および一四条の模範として採用した以前の約款規制法（ＡＢＧＢ）二四条および二四条のａは具備された[5]。すなわち、いまや法の全領域を把握する消費者概念にはヨーロッパ的根源がある。しかし、特に消費者法がすでに長く周知されているために、民法典における概念の規律によって、さらには債務法の現代化の枠内では[6]消費者保護法の民法典へ統合によって、簡単には体系に適合せず、また実務においてはますます新しくかつ驚くべき問題へと至る新しいカテゴリーが民法に挿入されたことが、もはや目立たなくなってしまった。

（1） 最近のものでは、K. Schmidt, Verbraucherbegriff und Verbrauchervertrag – Grundlagen des § 13 BGB, JuS 2006, 1; Ebers, Wer ist Verbraucher? Neuere Entwicklungen in der Rechtsprechung des BGH und EuGH, VuR 2005, 361 参照。

（2） Gesetz über Fernabsatzverträge und andere Fragen des Verbraucherrechts sowie zur Umstellung von Vorschriften auf den Euro vom 27. 6. 2000, BGBl. 2000 I, S. 897.

（3） BT-Drucks. 14/2658, S. 47 f.
（4） H. Dörner, Die Integration des Verbraucherrechts in das BGB, in: Schulze/Schulte-Nölke (Hrsg.), Die Schuldrechtsreform vor dem Hintergrund des Gemeinschaftsrechts, Tübingen 2001, S. 177 (182).
（5） BT-Drucks 14/2658, S. 47.
（6） Gesetz vom 29. 11. 2001, BGBl. 2001 I, S. 3138.

Ⅱ 消費者の概念

「消費者とは、その営業活動にもその独立した職業上の活動にも帰することのできない目的のために法律行為を締結するすべての自然人である。」法律行為の締結を民法上の意味において捉える民法典一三条のこの定義は、訪問販売指令二条[7]以来通用している用語に従っている。消費者の概念を規定する場合には、一方では経済的行為の私的性質から、他方ではしかし、――法律の文言においては簡単には表現されないが――この私的に行為する人の劣位（Unterlegenheit）から出発しなければならない。この劣位は、――たとえば労働法あるいは経済法においてとは異なり――容易に推定される。このことは憲法上の基準にも相応する。すなわち、連邦憲法裁判所（BVerfG）が繰り返し断定しているように、契約の自由は当事者の均衡した力関係の場合においてのみ適切な利益調整の手段として適している。それゆえ、妨害された契約の対等性の調整が民法の主たる課題に属する。契約当事者の劣位が修正を要するかという問題は、通常はしかし、個人ごとに答えるというより、むしろもっぱら「類型化できる事例形態」の存在に係らされる。――それゆえ「構造的な」劣位も語られるのである[8]。行為する者が状況によって保護を要するかは、最終的にはその時々の消費者法の対象を基準にして判断される[9]。

行為する者は自然人でなければならない。これによってすべての法人は消費者概念から排除される。このことは、取引の競争力が欠けているためにその要保護性が自然人に相当するような法人の場合には、たとえば公共の福祉に向けられた財団と権利能力のある非経済的社団（Idealverein）の場合には、不十分であろう。しかしながら、この規律は完結している。立法者が消費者概念を修正して理解されようと欲するところでは、たとえば開業準備者（Existenzgründer）のための民法典五〇七条におけるように、このことを民法典一三条においてとは別に明示的に規律した[10]。非経済的社団も顧客としてみなされえた以前の訪問販売撤回法一条の類推適用も、これによって排除される[11]。

目的の拘束は法律によって消極的に定義づけられている（「営業目的でも独立した職業上の目的でもない」）。それは積極的にはこうである。消費者の行為とはすなわち、たとえば家事の遂行、生活および健康の配慮、または余暇の過ごし方に役立つ私的行為のみである。ここで第一の特殊性が明らかになる。すなわち、確かに営業活動をする自営業者は消費者ではない。しかし、被用者は、たとえば職場で利用するためにコンピューターを調達し、または労務の走行のために自動車を調達する際に、職業上関連のある契約を結ぶ場合であっても、消費者である[12]。上級裁判所は、有限会社（GmbH）の業務の遂行を独立した職業上のものとしてみなすべきか、あるいは、連邦裁判所（ＢＧＨ）が採用するように[13]、雇用関係における活動としてみなすべきか、という問題をまちまちに判断する。限界づけの困難はさらに、法律行為が職業上の目的のためにも私的な目的のためにも、すなわち混合した目的のために結ばれる場合（「併用」。たとえば職業上も私的にも利用されうる乗り物の売買の場合）に、明らかになる。一部では、そのような法律行為は常に私的領域か[14]、または常に営業上もしくは職業上の領域に帰せられる[15]。しかしながら、そのような一括した分類には説得力がない。むしろいかなる用途が支配的であるのかに照準を合わせなければならない[16]。これを確定するのは難しい。

疑いが残る場合には、商法典三四四条の法思想によって法律行為は私的な目的のためには締結されなかったと反証可能な推定をしようかとも考えられる[17]。しかしこれは否定しなければならない。商法典三四四条は消費者保護との関連ではなんら効力を主張しえない[18]。商法による規律とは異なり、民法典一三条、一四条は必ずしも公示および信頼保護には向けられておらず、むしろ推定された経済的非同等性の調整を目的とする。それゆえに、利益状況を比較することはできない。

（7） Richtlinie 85/577/EWG betreffend den Verbraucherschutz im Falle von außerhalb von Geschäftsräumen geschlossenen Verträgen (Haustürwiderrufsrichtlinie) v. 20. 12. 1985, ABl. EG 1985 L 372, S. 31.
（8） これについて個別には、BVerfGE 89, 214 (233).
（9） MünchKommBGB/H.-W. Micklitz, 4. Aufl. 2001, § 13 Rn 4.
（10） 開業準備者については、EuGHE I, 1997, 253 ; BGHZ 162, 253 = NJW 2005, 1273. 参照。
（11） A.a.O. Rn. 13.
（12） 消費者としての被用者については、BAG NJW 2005, 3305 も参照。
（13） BGHZ 133, 71 (78).
（14） 前掲注（13）。
（15） P. Ulmer in : Ulmer/Brandner/Hensen, AGB-Gesetz, 9. Aufl. 2001, § 24a AGBG Rn. 26 ; Bamberger/Roth/J. Schmidt-Räntsch, BGB, 2003, § 13 Rn. 7 unter Hinweis auf die Geschäftserfahrenheit des zu privaten Zwecken handelnden Unternehmers.
（16） 支配的見解である。OLG Naumburg, WM 1998, 2158 ; T. Pfeiffer, Vom kaufmännischen Verkehr zum Unternehmensverkehr, NJW 1999, 169 (173) ; N. Horn in : Wolf/Horn/Lindacher, AGB-Gesetz, 4. Aufl. 1999, § 24 a AGBG Rn. 23 ; MünchKommBGB/J. Basedow (o. Fn. 9), § 24 a AGBG Rn. 32. 参照。
（17） N. Horn in : Wolf/Horn/Lindacher (o. Fn. 16), § 24 a AGBG Rn. 23 ; H. Heinrichs, Das Gesetz zur Änderung des AGB-Gesetzes, NJW 1996, 2190 f. ; MünchKommBGB/J. Basedow (o. Fn. 9), § 24 a AGBG Rn. 24.

(18) MünchKommBGB/H.-W. Micklitz (o. Fn. 9), § 14 Rn. 27; T. Pfeiffer (o. Fn. 16), NJW 1999, 169 (173).

Ⅲ 民　法

民法では、消費者保護の規定は完全に散り散りにかつ非体系的に規律されている。体系化すれば、それらはごく手短には以下のように列挙することができる。いわば消費者法の「総則」に数えられるのが、民法典一三条および一四条の定義規範、ならびに民法典三五五条以下における撤回権および返還権に関する諸規定である。総則にはさらに、注文されなかった給付に関する準則（民法典二四一条のa）、消費者契約における約款（民法典三一〇条三項）および支払いの遅滞の特殊性（民法典二八六条三項）ならびに利息（民法典二八八条二項）を数えることができる。[19] 消費者法の各則となるのは、たとえば消費物品売買（民法典四七四条以下）、特別の販売方法（訪問販売、隔地間契約および電子商取引。民法典三一二条以下）、一時的住居権契約（民法典四八一条以下）および消費者消費貸借契約（民法典四九一条以下）である。[20]

消費者保護実体法（Verbraucherschutzmaterien）の民法典へのかなり恣意的にも思われる挿入に際して、立法者はすぐに、明快さがなくなってしまったということに気づかなければならなかった。それゆえ、すでに立法の手続において、一つの方向転換が実行され、特定の諸問題が民法典の外で規律された。これによって言及されたのが、不作為訴訟法の諸規定だけではなく、消費者保護のために特徴的かつ本質的な情報義務に関する諸規律である。それらはその関連性から抜け目なく民法典情報義務命令（BGB-InfoV）[21] に挿入された。これは結果として、撤回の有効性について判定しなければならない単純な消費者法の事例においても、「舞踏行列（Springprozession）」をしなければならないということになる。というのは、具体的規律を特別の要件が遵守されているかにつきなお点検しなければならない場合には、まず、撤回権を認める民法典の具体的な規律に目を向け、その後で民法典三五五条以下の一般的方式へと向かい、さらには民法典情報義務命令によって正常な情報を判定し、そして最後に出発点に戻ることになるからである。

他の民法の領域――それらは構造的に非同等な交渉力の調整も規律するが――は、しかしながら、民法典一三条を指示していない。すなわち、民法典六五一条のa以下における旅行契約に関する規定は、その代わりに、事業者にもなりうる「旅行者」を語っている。保険契約法（VVG。とりわけVVG八条四項、五項）は、同じく事業者にもなりうる「被保険者」しか知らない。さらには、通信教育契約法（FernUSG）は、消費者を語らず、「参加者」を語っている。いかなる国家法を契約による債務関係に適用することができるかという問題に関しても、独自の消費者概念が存在する。民法施行法（EGBGB）二九条一項は、契約による債務関係に適用すべき法に関する協定（EVÜ）[22]五条と同じように、消費者を「職業上も営業上も活動しない権利者」と書き直す。しかし、たとえ法律が「消費者」を語る場合でも、常に民法典一三条の消費者が意図されているわけではない。たとえば、開業準備者は民法典五〇七条によって――消費者ではないにもかかわらず――消費者消費貸借法の保護領域に取り込まれている。このことは、たとえば開業準備の期間の長さおよび度重なる開業準備の分類の問題のような、たくさんの限界づけの問題へと至る。

当事者間の不均衡は、他の分野でも、たとえば賃借人と賃貸人との関係においても生じる。ここでも、とりわけ民法典三一〇条三項の約款規制の場合に、消費者法と交錯することになりうる。被用者と使用者との関係も指摘しなければならない。ここでは、消費者保護規定の民法典への統合がいかなる新しい問題をもたらすのかという、当面の議論から見えてくる例が存在する。一つの例としては、被用者はその使用者との合意に関して消費者とみなすことができるのか、という問題が立てられる。確かに、被用者は就業に従事し、自身の欲求の満足――すなわち商品またはサービス給付の消費――に役立つ行為は全く行わない。それにもかかわらず民法典一三条の消費者概念に被用者は服するのであり、そのことはそれだけにとどまるものではない。使用者の遅滞における利息請求権の程度に関しては、このことは彼に不利に作用する。というのは、使用者は被用者に対して、民法典二八八条一項によって基本利息を超える五パーセントの遅延利息のみを負い、雇用契約に消費者が関与していない場合にのみ支払わなければならない、民法典二八八条二項によるより高い八パーセントの遅延利息は負わない[23]。

職場で使用者と結ばれた合意が訪問販売に関する規律に服するのかという問題も争われている。被用者には消費者の性質が認められるにもかかわらず、長い間、雇用契約の締結に対する意思表示は訪問販売とみなすことはできないということが承認されている[24]。このことは、雇用契約の締結の際の状況は典型的消費者契約の際のそれとは区別されるということで理由づけられる[25]。それゆえ、雇用契約と、職場で結ばれたその他の合意とは区別しなければならない。前者に対して後者には民法典三一二条が適用される[26]。たとえ職場での口頭の交渉の状況がこれによれば撤回権の可能性を開きうる場合でも、連邦労働裁判所（ＢＡＧ）は、訪問取引は雇用終了契約が人事部で結ばれる場合にはいずれにしても存在しない、と決定した。（裁判所によると）これはそのような契約の締結にとって異常な環境ではないという[27]。しかし、なぜ被用者にとって不測のかつ驚くべき人事部への呼び出しと、そこで不意打ちが生じることはありえないのか、を裁判所は説明していない。たとえそれが通常はあくまでも正しいとされるとしても、そのさらなる論証が何かもう奇妙に思われる。というのは、民法典三一二条を原則として適用できないということが、被用者もまた熟慮して終了契約を決定することができるであろうということで正当化されるからである。熟慮した上での契約締結の可能性もあるだろうという論証によれば、――何度も得ようとした標準規格例にとどまるために――役に立たずしかも高すぎる電気毛布を買ってしまった、いわゆる「招待ドライブ（Kaffeefahrt）」の参加者にも、はじめから撤回権を拒絶することとなりうるだろう。最後に、約款規制法が労働法に同じように妥当する以上、さらなる問題、たとえば、とりわけ不就労の場合のための違約罰の合意の許容性の問題、そして、消費者約款に関する民法典三一〇条三項の規律の適用可能性の問題も、提起されている。

連邦憲法裁判所は、一九九三年に「構造的劣位の類型可能な事例形態」を語ったとき、消費者保護が前進するときに、第一にますます「類型化された」消費者概念がいかなる問題を提起することになるかはまだ全く想像もしていなかった。決して統一的ではない概念の二、三の不十分さはもっぱら民法の領域においてはもう指摘された。なお明示されなければならないのは、いかなる影響が他の法分野において生じるのかである。

(19) 公証法（BeurkG）一七条二項のaもなお一般的消費者保護に数えることができよう。これによれば、公証人は文書化を義務付けられている土地取引を、消費者が文書の対象にあらかじめ取り組む機会を十分に保持するようにすべきことになる。それは通常は、文書化前の二週間に法律行為の意図されたテキストが消費者の意のままにされることによって実現される。

(20) ここではなお民法典六六一条のaの利益の約束に関する特別事例もあげることができよう。

(21) Verordnung über Informations- und Nachweispflichten nach bürgerlichem Recht v. 2. 1. 2002, BGBl. 2002 I, S. 342.

(22) Übereinkommen über das auf vertragliche Schuldverhältnisse anzuwendende Recht v. 26. 1. 1998, ABl. EG 1998 C 27, S. 36.

(23) ArbG Hamburg, ZGS 2003, 79；Erman/I. Saenger, 11. Aufl. 2004, § 13 Rn. 15.

(24) BAG, DB 1994, 279；BAG, NZA 1996, 811 (812)；ArbG Köln, DB 1993, 2135；A. Wisskirchen/M. Worzolla, Aktuelle Fragen zu arbeitsrechtlichen Aufhebungsverträgen, DB 1994, 577 (581)；B. Zwanziger, Arbeitsrechtliche Aufhebungsverträge und Vertragsfreiheit, DB 1994, 982 (983)；C.-H. Germelmann, Grenzen der einvernehmlichen Beendigung von Arbeitsverhältnissen, NZA 1997, 236 (240)；J.-H. Bauer, Unwirksame Aufhebungsverträge, NJW 1994, 980 (981).

(25) なかでもこのことを規準として援用するのは、LAG Hamm, ZGS 2003, 232 (234)；LAG Brandenburg, ZGS 2003, 237 (239).

（26） 使用者に対する関係で職場で結ばれた抽象的な責任の承認の場合にはたとえば、LAG Berlin, Urt. v. 6. 9. 2000-31 Ca 6027/00［未公表］。

（27） BAG, Urt. v. 27. 11. 2003-2 AZR 177/03. J.-H. Bauer, Neue Spielregeln für Aufhebungs- und Abwicklungsverträge durch das geänderte BGB?, NZA 2002, 169 (171 f.)；Erman/I. Saenger (o. Fn. 23), § 13 Rn. 15も参照。

Ⅳ 商法

確かに、消費者概念は商法においても手つかずのままではない。それはたとえば、運送、運送取扱および倉庫取引において存在する。ここでは消費者には特別の権利が与えられている。――たとえば、商法典四一四条三項、四五一条のa二項、四五一条のb二項三項、四五五条三項、四七二条一項において。特別の定義がないために、その限りで民法典一三条に戻って取り掛からなければならない。その他の点ではしかし、商法は商人と非商人との座標によって規定され、そこでは、両者の間にさらに特別の役割につくことができる小営業者を組み込むことができる。二つの問題が浮かび上がる。一つはこうである。商人は消費者たりうるのか。商法典三四四条の推定は、消費者の性質に対立する商法典三四三条の意味における商行為にも有利に働く。そして二番目の問題はこうである。商人と事業者はいかなる関係に立つのか。商法典一条と民法典一四条との対比からは、事業者が――商人の概念とは異なり――小営業者および自営業者も包含する上位概念であることが明らかになる。換言すればこうである。すべての商人は事業者でもあるが、しかしすべての事業者が商人であるというわけではない。

しかし、商人と事業者との区別は正当化されるのか、――あるいはなお時代に合わせて言うのがよいのだろうか。

一八九七年から続いている商法は一九九八年にやっと改正され[28]、商人概念が拡張された（「商営業とはすべての営業経営である。」商法典一条二項）。その時に、とりわけサービス給付の領域が商法に取り込まれるべきであった。たとえ商法典の適用領域をさらに拡張することは難しいとしても、現在の体系はしかし完全に整合性のあるものではない。一方では小営業者は――そして自営業者は――商法から守られるが、他方では消費者は商人からと同じように小営業者からも保護される。構造的非同等性が常に同程度にはっきり現れるわけではないから、「小さい」小営業者の場合は事業者の性質も疑問となりうるだろう。ここでは、すべての営業活動を商法に組み込むことによって――すなわち商人の取引経営に左右されることがなければ――より大きな法的明確性を期待することができよう。これに関しては、今日ではもういずれにせよ疑いのある場合には商法典一条二項の推定が争われているから、なおさらそうである。このことは同時に、事業者の概念との統合への方向を指すであろう。

（28） Gesetz zur Neuregelung des Kaufmanns- und Firmenrechts und zur Änderung anderer handels- und gesellschaftsrechtlicher Vorschriften (Handelsrechtsreformgesetz – HRefG) v. 22. 6. 1998, BGBl. 1998 I, S. 1474.

V　会　社　法

商法に密接に結びつくのが会社法である。この法分野においても――単なる消費からはかなり遠いといえども――、消費者保護に意義を認めることができる。顧慮されなければならないのは、たとえ経済的な目的を追求しなくとも、きわめて容易に社員となりうるということである。たとえば、共同の目的のために乗用車を賃借する多数人は、すでに民法上の組合（GbR）となりうる。その結果として、目下、民法上の組合の消費者たる性質が議論にもなっている。[29]金銭の投資の方式として会社への参加を選択する私人も考えることができる。その場合、人的会社（公益会社(Publikumsgesellschaft)の形式においても）だけが考えられるのではない。資本会社法においても、ここではとりわけ株式会社法においても、消費者保護について熟考することができる。――ただそこでは投資者保護を語ることになる。これはやはり、全く異なる座標によって規定される。すなわち、一方には力の強い事業者、他方には経済的にまたは経験的に下位にある消費者、という対立によっては規定されない。むしろ、多数方向における利益調整、すなわち社員の多数派と少数派、債権者、投資者および被用者の間における利益調整に適するのかにかかっている。最後のもの、すなわち被用者の利益は、目下、試験台に立っている。というのは、被用者の共同決定の準則は、最近のヨーロッパの展開のために、――一方では国境を越えた所在地移転の問題についてのヨーロッパ裁判所（EuGH）裁判（Inspire Art）を、[30]他方では Societas Europaea の新しいヨーロッパ法形式の型に関する規定[31]を指摘することができる――不確かな運命を待ち受けるかもしれないからである。

まさに会社法において、民法典一三条および一四条によって定められた自然人と法人との区別が、この二元論が軟化されるところでは、とりわけ総有的共同体の場合には不十分であることが示される。というのは、消費者になりうるのは自然人だけであるからである。すなわち法人は、――資本会社、財団および権利能力ある社団と並んで――排除される。三つの問題が依然として未解決である。第一は、人的会社は消費者の性質を有しうるのか。第二は、団体は常に事業者であるのか。第三は、社員はどのように性格づけることができるのか。

第一の問題についてはこうである。連邦裁判所が、消費者信用法の適用可能性の問題に関して、四人の弁護士と一人の経営学士が土地を取得し改築――そのために民法上の組合は貸付を受けた――の後にそれを管理し必要な場合には換価するために民法上の組合を設立した事例において、決定したように、[32]判例および完全に支配的な学説の見解は、会社法によって結びつけられた自然人の集団も自然人でありうる、ということから出発している。これに対して、ヨーロッパ裁判所は、――スペインの企業がその従業員への供給のために飲み物の自動販売機を設置した事例において――、約款指令は自然人しか把握しないと断定した。[33]部分的には、人的会社を消費者として性格づける可能性は、民法典一四条を分離して考察すれば否定される。というのは、この規定によれば、権利能力ある人的会社も事業者でありうるからである。権利能力ある人的会社は、権利を取得し義務を負う能力を認められた会社と定義される。これには、今日では権利能力あるものと承認されている外的な民法上の組合も数えられる[34]――しかし、このことが民法上の組合を、最初から消費者の性質に対立する法人にすることはないだろうが――。そのことはちなみに、倒産法（InsO）一一条二項一号が明示的に述べている。

この第二の見解に従うならば、――これによれば外的な民法上の組合は事業者となるが――、これはさらなる限界づけの問題へと至る。なぜなら、結局は権利能力のない民法典の内的組合と権利能力のある民法典の外的組合とを区別しなければならないが、何ゆえこれらの社団の構成員が区々に保護を要するとされるべきかが認識できることもないからである。[35]ヨーロッパ法はヨーロッパ会社指令（EGV）四八条二項において、会社の定義の下に「協同組合およびその他の法人を含めた民法および商法の会社」をまとめているという論証も、結局は説得力がない。このことは、――かかる論証では隠匿されているが――明示的に居住の権利（Niederlassungsrecht）に関する章についてしか妥当しない。支配的見解はそれゆえ、指令の基準と調和させつつ、区別の規準としてもっぱら営業上または自営業上の活動しか知らないドイツの規律の文言に合わせている。民法典一四条は、人的会社は法人と同程度に事業者の性質を持ちうるという可能性しか開いていない。しかし人的会社は、その営業上の活動にも独立した職業上の活動にも帰することができない目的のために法律行為を締結する場合には、消費者として分類することができるのである。

ここではさらに、会社の一般的活動が基準となるのか、あるいは具体的法律行為が基準となるのかを熟考することができる。仮に一般的活動が重要となるのであれば、営業目的のない民法上の組合（すなわち、非経済的会社（Idealgesellschaft））および財産を管理する合名会社（ＯＨＧ）しか消費者として考えられないこととなろう。法律の文言によればしかし、消費者が法律行為を締結するのかは、営業上の活動にも独立した職業上の活動にも帰することができないということに照準を合わせなければならない。そこから導かれるのは、消費者の性質はすべての人的会社に認めることができる、ということである。このことは、合名会社にも、それがいったん営業に合わない活動をし、かつ単に財産の管理の枠内で取引する場合には、妥当する[36]。その場合、管理された財産の程度も決定的役割を果たすものではなく、むしろ決定的なのは、もっぱら、財産の管理が私的な目的に役立つのか、または職業上の目的に役立つのか、である。これに関しては、判例によれば計画どおりの取引経営の必要性が決定的とされる。――民法典五四条一文によって会社に関する規定が適用される権利能力のない経済的社団については、（外的）民法上の組合について述べたことがそれ相応に妥当する。権利能力なき非経済的社団には、――これには、支配的見解によれば民法典五四条一文に反して民法典二一条以下の規定が妥当し、会社法上の規定は妥当しない[37]――、協同的要素のために自然人への類推は排除される[38]。

これによって二つ目の問題についてはこうである。団体は常に事業者であるのか。確かに、法人は民法典一三条の基準によれば決して消費者ではない。しかし、一方で消費者、他方で事業者という分類は完結しているものではない。消費者ではない人が、この第三のグループのために一般的に妥当する概念が形成されたこともないまま、強いて事業者にならなければならないわけではない。そして、現実にこの第三のグループは存在する。すなわち、事業経営をしない権利能力ある財団および登記された非経済的社団は、原則として事業者としても考慮されない。というのは、それらは民法典一四条の意味における行為を結ばないからである。そしてそれゆえに、——これが実際上の意味なのであるが——消費者であるそれらの契約の相手方はそれらに対しては消費者の権利も行使することができない。

最後に第三の問題についてはこうである。社員をその地位の取得に際してどのように性格づけることができるのか。ここで区別されなければならないのはこうである。有限会社の持分および株式の取得の場合には、出資によって事業者としての目的設定が追求される場合にのみ営業上の活動が問題となる。連邦裁判所は、有限会社の持分の取得を原則として営業上の活動としては性格づけず、むしろ私的な財産の管理として性格づけている。[39] しかし、二五パーセントの超少数を超える株式会社（ＡＧ）への出資はやはり事業者としての地位を成り立たせる。人的会社における自身も責任を負う社員としての地位の取得は、人的会社が営業を実行しかつ単に財産を管理するのではない場合には、営業上のものとして性格づけることができる（商法典一〇五条二項）。（合資会社の）有限責任社員の地位の取得は、通常は私的な財産管理であるが[40]、有限責任社員に、営業活動をする人的会社において無限責任社員の権利に比較しうる権利が認められる場合には、この限りではない。

これらの問題が近時において実際上重要となるのは、たとえば銀行融資を受けた財産投資や、民法上の組合または有限会社および合資会社の形式において公益会社として組織化されている閉鎖的不動産基金への出資の場合である。ここでは、事後的に融資する信用機関に対する関係で、民法典三五九条による抗弁の措置を行使することができるかもしれない。このことは、社員が開業準備者に関する民法典五〇七条の規定を援用できる場合には、営業活動をする公益会社に自身も責任を負う社員としてはじめて加入した場合でも妥当しよう。[41] これによって確認できるのはこうである。すなわち、まさに会社法上の事例形態の場合には、消費者の行為の性格づけに関しては特定の類型ではなく、状況が重要であることが明白である。その時々の行為の営業上、というよりむしろ独立した職業上の目的または私的な目的が、一貫して決定的な限界づけの規準となる。

(29) たとえば、M. Artz, Anm. zum Urteil des BGH v. 23. 10. 2001 – XI ZR 63/01, JZ 2002, 457 ; O. Fehrenbacher/G. Herr, Die BGB-Gesellschaft – eine natürliche Person im Sinne des Verbraucherschutzrechts?, BB 2002, 1006 ; P. Krebs, Verbraucher, Unternehmer oder Zivilpersonen, DB 2002, 517 ; N.-C. Wunderlich, Kreditnehmende Gesellschaften des bürgerlichen Rechts als Verbraucher?, BKR 2002, 304 ; C. Elßner/M. Schirmbacher, Die Gesellschaft bürgerlichen Rechts als Verbraucher?, VuR 2003, 247. 見解の争いについては、Erman/I. Saenger (o. Fn. 23), § 13 Rn. 6 m.w.N. 参照。

(30) Centros (EuGH, Slg. 1999, I-1459) が設立の理論への転換を際立たせている一方で、このことは Überseering (EuGH, Slg. 2002, I-9919) と Inspire Art (EuGH, Slg. 2003, I-10155) の決定については強固になった。これについては、O. Sandrock, BB-Forum – Nach Inspire Art – Was bleibt vom deutschen Sitzrecht übrig?, BB 2003, 2588. も参照。また特に「重複理論」の変形については、ders., Die Schrumpfung der Überlagerungstheorie, ZVglRWiss 102 (2003), 447. なお、W. Bayer, Die EuGH-Entscheidung Inspire Art und die deutsche GmbH im Wettbewerb der europäischen Rechtsordnungen, BB 2003, 2357.

(31) Verordnung Nr. 2157/2001 des Rates vom 8. 10. 2001 über das Statut der Europäischen Gesellschaft (SE), ABl. EG 2001 L 294 S. 1 und Richtlinie 2001/86/EG des Rates vom 8. 10. 2001 zur Ergänzung des Statuts der Europäischen Gesellschaft hinsichtlich der Beteiligung der Arbeitnehmer, ABl. EG 2001 L 294, S. 22. Hierzu P. Hommelhoff, Einige Bemerkungen zur Organisationsverfassung der Europäischen Aktiengesellschaft, AG 2001, 279 ; A. Jahn/E. Herfs-Röttgen, Die Europäische Aktiengesellschaft – Societas Europaea, DB 2001, 631 ; P. M. Wiesner, Der Nizza-Kompromiß zur Europa AG – Triumph oder Fehlschlag?, ZIP 2001, 397.

(32) BGH, NJW 2002, 368.

(33) EuGH, DB 2002, 264 = NJW 2002, 205.

(34) BGHZ 146, 341 (347) = NJW 2001, 1056.

（35） BGH, NJW 2002, 368 f.
（36） というのは、合名会社（ＯＨＧ）はその営業目的に制限されないからである。たとえば会社契約では、後に慈善目的のために投資をするために特定の利益割合を蓄え預託するということが予見されるだろう。
（37） Staudinger/G. Weick, BGB (1995), § 54 Rn. 2.
（38） MünchKommBGB/P. Ulmer, 3. Aufl. 1995, § 1 VerbrKrG Rn. 20 ; Staudinger/S. Kessal-Wulf, BGB (1998), § 1 VerbrKrG Rn. 27. 異説として、Erman/O. Werner, BGB, 10. Aufl. 2000, § 24 a AGBG Rn. 16.
（39） BGHZ 133, 71 (78) = NJW 1996, 2156.
（40） 異説として、EstG 一五条の共同事業者概念に照準を合わせた、Staudinger/S. Kessal-Wulf, BGB (1998), § 1 VerbrKrG Rn. 38.
（41） たとえばこれについては全体として、R. Bertram, Die Anwendung des Einwendungsdurchgriffs gem. § 359 BGB auf den Beitritt zu einer Publikumsgesellschaft, 2004.

Ⅵ 経済法

不正競争防止法（ＵＷＧ）が、純粋な不法行為法による競争相手の保護を対象とはせず、これと並んでかつこれと同等に、競争の自由の悪用および過剰から公共（Allgemeinheit）ならびに消費者を保護することを目的とするということには、今日争いがない――たとえ個別にはなお、利益衡量に際して競争、消費者および公共の利益に対してその時々にどれだけの重きを認めるかが疑問となるにしても。[42] このことは、その二条二項において消費者概念の定義のために民法典の規定を指示する新しい不正競争防止法の一条が現在も明示的に強調している。しかしながら、経済法においては、消費者の概念、そして個人的な消費者の権利も前面に立たない。現実には概念づけ（Begrifflichkeit）がまさにこの領域では多様なのである。たとえば、旧不正競争防止法一三条のａでは不実のかつ惑わす性質を持つ広告の言明の場合の「買い手」の解除権が規律されていた。これに対して、旧不正競争防止法二七条のａ（現在では不正競争防止法一五条）は、消費者の概念に照準を合わせていたが、それによれば、「最終の消費者」も競争の紛争の解決のために調停所に依頼することができるとされている。この用語は、旧不正競争防止法六条のａにおける製造者の性質の指示の禁止にも関連して、「営業的な消費者」との限界づけにおいて役割を果たしたが、しかしながら、ここからは個人の権利を導出することはできなかった。競争法上の「要求不能な煩わしさ（Belästigung）」の構成要件（不正競争防止法七条二項二号）は、これに対して、消費者に対する広告と「その他の市場参加者」に対する広告とを区別する。[43]最後に、競争制限防止法（ＧＷＢ）も、消費者の概念を競争制限防止法七条におけるその他のカルテルの規律との関連で用いている。すなわち、私的な消費者が第一に問題となるのではなく、諸概念がここでは「ぼやけている」。

ところで競争法では、取引の術策および消費者へのその影響を評価することが重要となる。これについては、消費者の定義が第一に決定的なのではなく、むしろいわゆる「消費者のモデル像」の解釈が決定的である。そのことは、不正競争防止法五条（以前は旧不正競争防止法三条）による惑わす広告の禁止およびその射程の例で印象的に裏づけることができる。ドイツ的観点からは、長い間、相当に遠くにある惑わしの危険から極少数派ですら保護しなければならなかった。なぜなら、通常は、強制されない束の間の観察者の理解力から出発したからである。これに対して、ヨーロッパ裁判所は、[44]すでに久しく、競合する申込みを実質的に対比して衡量しかつ合理的な決定を下すことのできる状況にもある、理解力がありかつ理性的な、すなわち、情報を与えられた、注意深く、独立しかつ成熟した消費者の像に向いている。まさに惑わしの危険の判断に際しては、消費者の社会的、文化的または言語的特性も顧慮することができるとされている。たとえば子供あるいは取引未経験者というような、特定の消費者グループの要保護性によっても区別される。

連邦裁判所は[45]、その間に、このヨーロッパ的モデルに——たとえ制限をつけつつも——近づいた。連邦裁判所は、平均的に情報を与えられた理解力のある消費者の注意深さはその時々の状況に左右されるということから出発する——すなわち、ここでも状況的要素が貫徹された。申込みが消費者にとって意味があればあるほど、消費者はいっそう大きな注意を広告に対しても尽くす。その限りで、平均的消費者の「状況に応じた注意」を語るのであり、それを連邦裁判所は惑わしの禁止の解釈に関して援用する。このことは、以前とは異なり、束の間のまたは利害のない観察者のありうる誤解を顧慮しないでおくことを許すものである[46]。

(42) このことと以下の叙述については、V. Emmerich, Unlauterer Wettbewerb, 6. Aufl. 2002, S. 17, 181 f. のみ参照。
(43) これについてはまた、K. Schmidt (o. Fn. 1), JuS 2006, 1.
(44) EuGH, Slg. 1995, I-3599 ; 1995, I-1923 ; 1996, I-6039 ; EuGH, GRUR 1993, 747 ; EuGH, EuZW 1999, 281 のみ参照。
(45) BGH, NJW-RR 2000, 1490. 以来である。
(46) これについて概観的には、V. Emmerich (o. Fn. 47), S. 181 f.

民事訴訟は結局は、個人の権利の貫徹、それゆえまた消費者の権利の行使に役立つ。これらの権利が実務上有用であらんとするならば、それらがまた有効に行使されうることを保証するメカニズムがなければならない。しかし、この関連で「消費者訴訟」を期待する者は、失望させられる。確かにこの概念は存在するが、しかしそれは情報理論の分野に由来するもので、——「生産者訴訟」との限界づけにおいて——データの輸送の形式を記述するものである。特別の裁判所の部も——商事事件のための裁判部に対比されうる——、あるいは消費者案件のための特別の手続も、原則として存在しないのである。

特別の手続を予定するのはただ倒産法だけである。第九部中に、倒産法三〇四条以下において消費者倒産手続および「その他の小額手続」が規律されている。倒産法三〇四条一項における適用領域の定義は、当初の一九九九年から二〇〇一年まで妥当した版では、民法典一三条の消費者概念への明確な近似性を示していた。すなわち、債務者が独立の経済活動を行わない自然人であることに照準を合わせていた限りにおいてである。もちろん、ささいな独立の経済活動しか行わなかった人々もこれに含まれていた——それは等しく自営業者も商人も包含していた。倒産法一〇四条二項においてはさらに、ささいな独立の経済活動の標準例が置かれていた。決定的なのは、これがその種類や範囲について商人のやり方で設定された取引経営を必要としないということである——そのことは結局商法典一条二項による限界づけに相当する。商法典二条の意味におけるこの小営業者はしかし、それにもかかわらず民法典一四条の意

Ⅶ　民事訴訟法

味における事業者である。倒産法では、――そこでは小営業者は周知のように小事業者というが――小営業経営者はしかし消費者に準じて分類された。

二〇〇一年における法律改版によって規準が変更された。すなわち、独立した経済活動を行う者は、もはやこの特別の手続には服さない。以前に独立した経済活動を行った自然人（すなわち事業者）は、財産状況が概括できるものでありかつ雇用関係に基づく債権が主張されない場合にのみ、この特別の手続に服する。概括可能性の規準は、倒産法三〇四条二項において「法的に安定的な」やり方で定義される。すなわち、債権者が二〇人より少ないということにかかっている。商人の取引経営という商法による規準は、それゆえもはや決定的ではない。すなわち、立法者は徹底して法実体（Rechtsmaterie）に左右される特別の基準を、ここではすなわち財産の大きさと構造を基礎においていることが示されている。このことは倒産法にとってはやはり意味をなす。というのは、倒産法は、構造的不均衡の場合の利益調整を目的とするのではなく、関係者と裁判所ともどものために可能な限り少ない費用で包括的に債務を整理することを目的としているからである。

その他の点では、消費者は訴訟法では目立った役割を果たさない。その要保護性は、何より裁判所の管轄に関して考慮される。消費者は通常、その一般的な裁判所の管轄で訴えられなければならない。そのことは、裁判所の管轄および履行場所の合意が制限的にしか許されないことによって確保される。この関連においては、消費者概念はしかしながら考慮されない。というのは、裁判所の管轄および履行場所の合意の許容性は、民事訴訟法（ZPO）三八条一項および二九条二項において明確に商人の性質に、というよりはむしろ法人の性質に固着されるからである。（そこでは）訴えによる消費者の権利の追求を、――とりわけ住所における――特別の唯一の裁判所の管轄が容易にすべきものとされている。たとえば、訪問販売に関しては民法典三一二条の規律の付則としての民事訴訟法二九条のｃによって。消費者概念はそれゆえ、これらの法実体によって規定される。

国際的領域では、ヨーロッパ裁判所管轄・承認執行指令（EuGVVO）[47]の一五条～一七条の規定が、消費者事件におけるドイツの国際管轄を基礎づけ、常に消費者の住所における国内の裁判所管轄を保障する。このことはいずれにせよ、割賦販売契約（ヨーロッパ裁判所管轄・承認執行指令一五条一項のa）、分割払信用（ヨーロッパ裁判所管轄・承認執行指令一五条一項のb）および国境を越えて開かれた一定のサービス給付および供給契約（ヨーロッパ裁判所管轄・承認執行指令一五条一項のc）に関して、または旅行契約（ヨーロッパ裁判所管轄・承認執行指令一五条三項）に関して妥当するが、しかしおそらく開業準備行為には妥当しない。この際、消費者事件の概念はヨーロッパ裁判所管轄・承認執行指令自体から定義しなければならない。たとえ民法典一三条を援用しようとしても、――それはおそらくそれほど問題ではないだろう。なぜなら、ドイツ法の定義はやはり個別のヨーロッパ消費者保護指令の基準を受け入れているからである――それによっては何も得られないだろう。というのは、体系的にヨーロッパ裁判所管轄・承認執行指令は国家の消費者保護法とは異なる道を歩むからである。属人的規準と並んでドイツ法では特殊なかつ狭く解された状況的な要件が決定的であるのに対し、ヨーロッパ裁判所管轄・承認執行指令の適用領域はずっと広く把握されている。というのは、この指令は特定の契約種類のほかに、職業上または営業上活動する「他の契約の相手方」――ちなみに事業者ではない！――が参加する他のすべての事例を包含するからである。このことは、たとえば、問屋の方法で為替、有価証券、または期日商品（Warentermin）の取引を実施する人――すなわち期日商品投機家――が、消費者であるのかというような、広範な問題へと至る。このことは、投機家が私的投資者として現れる場合には、いずれにせよ肯定される[48]。

仲裁の合意に関しては、民事訴訟法一〇三一条五項が、消費者が参加する場合の方式規定を含んでいる。その目的は、消費者を、文書によらない契約の場合に指示のないまま広範な約款の中に含まれる仲裁の合意に服することから保護することである。決定的であるのは、民法典一三条の定義である。さらなる訴訟に関する規律は、たとえば特定の消費者消費貸借契約に基づく事業者の請求権に関する督促手続禁止から明らかになる。すなわち民事訴訟法六八八条二項一号。特殊性は督促の申立てに関しても存在する。すなわち民事訴訟法六九〇条一項三号。

手続法においても、消費者保護団体には特別の意義が認められる。消費者保護と訴訟の貫徹との交差点に、とりわけ二〇〇〇年にはじめて導入された、消費者保護法に違反する術策の場合の不作為訴訟法（UKlaG）二条の不作為請求権がある。ヨーロッパ指令(49)を基礎として、民事訴訟の団体の訴えの法が完全に改造された。この指令の目的は、ある加盟国における活動によって他の加盟国における消費者の集団的利益を侵害する営業者を規制すること、そして、EU指令の転換のための各国の規定に対する違反、たとえば惑わす広告、消費者信用、パック旅行、消費者契約における濫用約款、隔地間の契約締結、商品売買、および保証に関する指令に対する違反の場合に介入するのを可能にすること、である。不作為請求権は、消費者保護法に対する違反行為を要件とし、かつ、有資格施設の名簿に登記された特定の団体によって消費者保護の利益において行使されうる。細部は不作為訴訟法三条、四条が規律する。

最後にごく手短にヨーロッパの展開を指摘しなければならない。これは、消費者保護から出発しているが、訴訟法の前でも立ち止まらないだろう。すでに言及したのは団体の訴えの領域における展開である。いまは確かに、（ヨーロッパ）共同体法は民事裁判権の組織化を規律するつもりはない――たとえすでにヨーロッパ民事訴訟法典の創設への努力があるとしても。それにもかかわらず、委員会は、消費者はヨーロッパ法の統一的な適用および貫徹という前提の下でのみ国境を越えた取引の場合に国内市場の利点を信頼することができる、と認識した。委員会は目下、単純性、迅速性、実効性および効率性の基準の下に立つ、円満な規律のための多様な措置を優先させている。このことは、ヨーロッパ消費者センター（Euroguichets）の創設による消費者の情報のための措置から、消費者と事業者との対話を改善すべきものとされている消費者の苦情に関するアンケートをへて、消費者保護における共同作業に関する指令についての二〇〇三年七月の動議までへと達している。(50)

すなわち、前面に立つのは、調停および仲裁の措置である。このことは、二〇〇二年に提示された民法および商法における紛争解決のための代替手続に関する緑書（Grünbuch）からも明らかとなる。(51) この関連においては、消費者法の紛争の合意による解決に関与する裁判所以外の施設についての原則に関する二〇〇一年四月四日の委員会勧告、(52) 同日の「消費者の代替的紛争解決へのアクセスの拡大」についての委員会報告、(53) および、消費者法の紛争の裁判所以外による解決について権限のある施設についての原則に関する、一九九八年三月三〇日の委員会勧告(54)も見なければならない。訴訟が争点となっていることを顧慮して、訴訟費用補助のための最低限の規定の導入についての指令(55)が公布された。ヨーロッパの展開がここでは端緒にあるとしても、予想される規律の体系的組入れについていまやもう憂慮しなければならない。

(47) Verordnung (EG) Nr. 44/2001 des Rates vom 22. Dezember 2000 über die gerichtliche Zuständigkeit und die Anerkennung und Vollstreckung von Entscheidungen in Zivil- und Handelssachen (ABl. EG Nr. L 12 vom 16. 1. 2001, S. 1 ; zuletzt geändert durch Verordnung (EG) Nr. 2245/2004 der Kommission vom 27. 12. 2004, ABl. EG Nr. L 381 vom 28. 12. 2004, S. 10).

(48) Zöller/R. Geimer, ZPO, 25. Aufl. 2005, Art. 17 EuGVVO Rn. 6. たとえばまた、H. Dörner, in : Saenger (Hrsg.), Hk-ZPO, 2005, Art. 17 EuGVVO Rn. 3. 消費者としての資本預託者については一般に、K.-R. Wagner, Sind Kapitalanleger Verbraucher?, BKR 2003, 649 参照。

(49) Richtlinie 98/27/EG v. 19. 5. 1998, ABl. EG 1998 L 166, S. 51.

(50) 指令の目標は、消費者法の貫徹に従事する諸国家官庁を相互に結びつけ、それらを消費者法違反の行為に対し措置をとることができる状況に置くことにある。

(51) Grünbuch über alternative Verfahren zur Streitbeilegung im Zivil- und Handelsrecht vom 19. 4. 2002, KOM (2002), 196 endg.
(52) ABl. EG 2001 L 109, S. 56.
(53) KOM (2001) 161 endg.
(54) ABl. EG 1998 L 115, S. 31 (98/257/EG).
(55) Richtlinie 2003/8/EG des Rates vom 27. Januar 2003 zur Verbesserung des Zugangs zum Recht bei Streitsachen mit grenzüberschreitendem Bezug durch Festlegung gemeinsamer Mindestvorschriften für die Prozesskostenhilfe in derartigen Streitsachen, ABl. EG 2003 L 26, S. 41.

Ⅷ　要　約

本稿は、単に消費者が個別の法分野においてついている地位を指摘すべきものではない。明示しなければならないのは、将来消費者法の組入れの場合に生じる挑戦である。今日もう、いかにこれらに対して接していくべきかを熟考しなければならない。ドイツ法はこの領域においてはますます大きな「パズル」と化している。法秩序は、特定の人または人のグループのためにたくさんの特別の規律を準備しており、かつむなしく一般的に妥当する原則を得ようと努力している。むしろ、概念づけは無調整であり、かつ混乱している——総じて最近においては強く法における概念の混乱が嘆かれるように[56]。結論として確定することができるのはこうである。消費者保護法の統一した実体もないのと同じように、統一的な消費者概念はない。結局、ヨーロッパのすべての個別の指令の立法者も、繰り返し独自の定義を掲げている――たとえこれらが比較可能な保護領域の場合には本質的に異ならないとしても。

消費者概念の一般化の試みと民法典への挿入は、この際著しい危険をはらむ。すなわち、それは消費者保護の射程についての法的不安定性になるだけでなく、その過大な拡張も危惧しなければならない。定義だけでは民法の適用領域の限界づけには役立たない。われわれは結局、三段階の動きの真ん中にいる。すなわち、（もっぱら自然人と法人とが区別されていた）伝統的な単純な構造から、第二段階では状況による消費者保護が展開された。これは、自然人が異なった活動領域によって性格づけられ、かつ「私的な」取引が特別の準則に従属させられることによって、特徴づけられている。いまや、――特に、民法典一三条における定義が属人的要素によって規定され、民法典において中心的に規律されているからであるが――要保護性に関わりなく認められる、類型的かつまさしく紋切り型の消費者保護が展開している。このことは、座標軸を完全に押しのけることになる。すなわち、保護を要する消費者から、最後には未成年者的消費者となるだろう――これは経済法においてまさに阻止された展開であるが[57]。一部には、契約の規律の実際の適用に際してはこの位置関係が主たる適用事例として現れるという理由で、市民契約法は本質的に消費者法であるとする見解が、今日すでに主張される。――そして、とにかくすべての市民は消費者であるということさえ指摘される[58]。このことは、どこに展開が進んでいくのかを示している。

消費者保護は、最終的には私的自治への攻撃を意味する。保護はしかし、それがやはり必要であるところでしか認められえない。私法はしかし、ただ単に消費者の法ではない。消費者保護はそれゆえ、絶対に特別の限界づけを前提とする。もちろん、一般的なことおよび繰り返される同じ概念はやはり中心的位置で規律するのが、法律の体系性に相応する。民法典一三条の位置取りはしかし、転轍機を誤った方向に立てている。この形式における、かつこの位置における一般的定義は、私法の体系にはあてはまらない。必要であるのは、異なる規律領域の明確な分離だろう。このことを、たとえば商人および被用者のための他の特別法も裏づけている。ここでは、独自の法律において——そしてこれらを越えて独自の手続の規定においてすら——外部にも現れる独自の規律が存在する。

一方には一般法としての民法典、他方には商人の特別法としての商法典、という関係に相応するならば、独自の消費者法典も考えられるだろう。ここに消費者の特別法を統合することができるだろう。この特別法が非常に多様であり、これを越えて「成長」にもねらいを定めているために——ヨーロッパの立法者はさらに活動し続けるだろう——、ここにはますますの規律実体を組み込むことができよう。これが可能であるならば、通常のモデルに従って消費者保護法典の総則において支配的な定義を掲げることができよう。各則においては、今日すでにたとえば不作為訴訟法において端緒としてあるような、特別の訴訟の規律を顧慮することができよう。これについてはもうヨーロッパのレベルで熟考されている。すなわち、裁判所への消費者のアクセスの様式が問題となっている。裁判所管轄の準則はすでに存在する。さらには、訴えの提起の際の簡略化については、まさに手続に合った単純化を越えて独自の裁判部にまでになるように熟考されている。

一般法としての民法典、商人および商事会社の特別法としての商法典、従属する仕事のための特別実体法としての労働法、そしてその他に消費者法[59]からなる——いわば四本柱のモデルにおける——そのような整理は、最終的にはなおさらなる長所を持つだろう。すなわち、分離された規律によって、限界づけの問題を少なくすることができ、さらに、一方では特別法において、しかしまた他方では民法典の原理も考慮しつつ、個別の規律領域の間の評価矛盾を防止することができよう。最終的には、消費者保護の価値も強化されるだろう。消費者保護の意義を強調する独自の規律にはまさにシグナル的作用が認められよう。というのは、緑書において消費者保護のために嘆かれた「断片的措置の執行[60]」に対しては、単にすべての考えられる規範を「荒っぽく」民法に移入することによってではなく、むしろ一貫した規律のコンセプトによってのみ防止することができるからである。

（56） V. Beuthien, Zur Begriffsverwirrung im deutschen Gesellschaftsrecht, JZ 2003, 715. さらに指摘しなければならないのは、「法における人間の像」についての F. von Westphalen, AnwBl 2003, 665 (668) の論稿である。

（57） これについては上述Ⅵ以下。

（58） これについてはたとえば、H. Dörner (o. Fn. 4), S. 177.

（59） しかし、直接的な消費者法としては現れず、やはりこれを越えて意義のある、民法典において広範に規律されるべき約款の法は、依然として外にある。

（60） たとえば、Grünbuch zum Verbraucherschutz in der Europäischen Union vom 2. 10. 2001, KOM (2001) 531 endg.

判例における「新しい」売買法——二〇〇二年から二〇〇六年

Das "neue" Kaufrecht in der Rechtsprechung 2002–2006

古積健三郎　訳

目次

Ⅰ　諸規律の概観
Ⅱ　瑕　疵
　1　物の瑕疵、民法典四三四条
　2　証明責任の転換、民法典四七六条
Ⅲ　瑕疵ある場合の買主の権利、民法典四三七条
　1　追完（Nacherfüllung）、民法典四三七条一号
　2　損害賠償、民法典四三七条三号一段
　3　費用（Aufwendung）の賠償、民法典四三七条三号二段
　4　自力実行（Selbstvornahme）
　5　瑕疵担保の排除、民法典四四四条
Ⅳ　消費物品売買、民法典四七四条以下
Ⅴ　消費者保護
Ⅵ　要　約

二〇〇二年一月一日に[1]、ドイツの民法典（ＢＧＢ）は消費物品売買指令（Richtlinie）[2]の転換に関連して、包括的改正を受けた。ドイツの立法者は、消費者保護のヨーロッパ基準を顧慮して単に「消費物品売買」（民法典四七四条～四七九条）という新しいサブタイトルを挿入するだけにとどまらなかった。給付障害法と全く同じように、消費者保護に関わったヨーロッパの指令の転換に関連して、民法典四三三条～四七九条の売買法全体も、さらに請負契約にまで広がる根本的な新規律を受けた。これに関わるのが、売主の義務、物の瑕疵の概念、そしてとりわけ瑕疵のある場合の買主の瑕疵担保（Gewährleistung）の権利である。そこでは、「債務法の現代化」は広範な部分においてウィーン売買条約（ＣＩＳＧ）のモデルに依拠している[3]。判例も、まずは「旧事例」をなお片づけなければならなかったが、その後はだんだんと個別の構成要件について展開するようになっている。改正後の四年で、最初の総括をすることができる。

（1）　Gesetz zur Modernisierung des Schuldrechts (Schuldrechtsmodernisierungsgesetz – SMG) vom 29. 11. 2001, BGBl. 2001 I S. 3138.

（2）　Richtlinie 1999/44/EG zu bestimmten Aspekten des Verbrauchsgüterkaufs und der Garantien für Verbrauchsgüter (Verbrauchsgüterkauf-RL) vom 25. 5. 1999, ABl. EG 1999 L 171/12.

（3）　これについては、Bamberger/Roth/Saenger, BGB, 2003, CISG 参照。

売主の**主たる義務**に属するのは、民法典四三三条一項二文によれば、買主に売買の対象を物の瑕疵（民法典四三四条）および権利の瑕疵（民法典四三五条）のない状態で得させることである。売主の主たる義務の不履行の法律効果は、給付障害の一般法を指示する民法典四三七条から明らかになる（民法典二八〇条以下、三二〇条以下）。

民法典四三四条は**物の瑕疵**を定義し、かつその要件を挙げる。[4] 主観的欠陥概念による商品の瑕疵の付着の判断は、三段階の検査スクリーンに基づいてなされる。第一には、合意された性質に、補助的には契約によって前提とされた利用への適性に、そして最も補助的には通常の利用への適性に、照準を合わせなければならない。当事者が売買目的物の性質も特別の利用目的も合意しなかった場合にのみ、これが通常の利用に適しているかが重要となる。民法典四三四条一項二文二号によれば、同じ種類の物では通例とされ、かつ平均的買主が物の種類について期待することができる性質を示せば、目的物は通常の利用に適しているとされる。この比較基準は、とりわけ中古品の売買の場合に顧慮しなければならない。たとえば、中古の乗り物は、同じタイプの新車と同じ種類ではなく、それゆえこれと比べることは許されない。

しかし、民法典四三四条一項三文は、公の発言および特に広告の言明に対する売主の責任も指示し、かつそれによって、民法典四三四条一項二文二号によって買主が期待することができる性質への補足的規律を講じる。民法典四三四条二項によれば、組立ての欠陥も明示的に物の瑕疵と同等に扱われる。そこでは、一文が売主によって不適切に実行された組立てに、二文が瑕疵ある組立指導の場合に関わり、後者はとりわけ、買主による売買目的物の共同工作が予定された場合である（たとえば家具の場合。それゆえこれは、「ＩＫＥＡ条項」とも称されている）。例外的に、目的物が欠陥ある組立指導にもかかわらず——相応の専門知識に基づいて——正しく組み立てられた場合には、責任は及ばない。ウィーン売買条約三五条一項によるのと全く同じように、いまや、誤った引渡しおよび不足の引渡しは、民法典四三四条三項において物の瑕疵と同等に扱われる。

民法典四三七条の中心的規定は、権利または物の瑕疵の付着した物が引き渡された場合に買主に帰属する瑕疵担保の権利および請求権をまとめる。(5) 原則として、救済の段階づけが予定されている。先順位に存在するのが追完の権利である（民法典四三九条）。後順位に問題となるのが、一方では解除（民法典四四〇条）および減額（民法典四四一条）、ならびに他方では、損害賠償（民法典四四〇条）および無駄となった費用の賠償（民法典二八四条）である。

本来はもっぱら**消費物品売買**だけのために予定されていたヨーロッパ基準が、結局、ドイツ売買法全体の基礎となったために、もっぱら消費物品売買だけに関係する規律はほとんど存在しない。そのような規律は、民法典四七四条一項一文によって、消費者が事業者から動産を買う場合にある。すなわち、売主側に事業者（民法典一四条）が、かつ買主側に消費者（民法典一三条）が登場する限りにおいて、人的適用領域が開かれている。消費物品売買に関する諸規定の物的適用領域はもっぱら動産の売買を把握し、それゆえ土地の売買は把握しない。

消費物品売買の適用領域が開かれている場合、二つの重要な**特殊性**が妥当する。その一つには、民法典四七五条が、消費物品売買に関して、原則的には消費者の不利になるように民法典四三三条～四三五条、四三七条、四三九条～四四三条を変更できないことを指示する。この規定は消費者法による最低限の保護を標示する。瑕疵の通知の前には法律上の模範とは異なる合意を有効になすことができず、かつ特に、新品の場合には二年より短く、また中古品の場合には一年より短く計算する時効も合意することができない。その上、民法典四七六条は、売買目的物にはすでに危険の移転の際に瑕疵が付着していたという推定を設け、すなわち消費者のために証明責任の転換へと至っている。このことは、引渡しとともに生じる危険の移転後六ヶ月以内に瑕疵が判明したことを要件とするが、それはもちろん買主によって証明されなければならない。最後に、民法典四七八条、四七九条は、流通網におけるいわゆる最終売主、すなわち、消費者に売却した人の求償を規律する。消費者による権利主張の場合には、最終売主は自分への売主——供給者（たとえば卸売業者、製造者）——にかかることができる。これに相当することは販売網のさらに先の構成員に妥当する。

（4） これについて個別には、Hk-BGB/Saenger, 4. Aufl. 2005, § 434 Rn. 3 ff.

（5） Hk-BGB/Saenger (o. Fn. 4), § 437 Rn. 2 ff.

Ⅱ 瑕 疵

1 物の瑕疵、民法典四三四条

売買法による瑕疵担保を理由とする請求権はまず、民法典四三四条の意味における瑕疵の存在を要件とする。デュッセルドルフ上級ラント裁判所（ＯＬＧ）[6]はこう断定した。物の**正常な性質**が民法典四三四条一項一文の意味におけるものとして合意されたものとは簡単には想定することができない。さもなければ、民法典四三四条一項二文において基礎に置かれた瑕疵の要請が回避され、この規定からその適用領域を奪うことになるだろう(7)。ところで、売買目的物が**通例の性質**を持つのかという問題では、平均的買主の期待へと照準を合わせなければならないが(8)、それは、平均以下の品質観念と全く同じように過度の品質の要請も排除する。比較基準をなすのは、これによれば同じ種類のすべての物品であり、それには単にある製造者のシリーズの対象だけが数え入れられたのではない。それゆえ、自動車の場合にはあるクラスのすべての乗り物の発展状況が援用されなければならない(9)。なぜなら、さもなければ個別のシリーズに構造または製造の欠陥がある場合に瑕疵を否定しなければならなくなるからである（以上、上級ラント裁判所の見解）。連邦裁判所（BGH）の確定した判例によれば(10)、新車としての乗り物の売却は、通常は、それが「**出来立て**（fabrikneu）」の性質を有しているという売主の表示と認めることができるという。しかしながら、未使用の乗り物は、そのモデルが変更されずになお製作され、それには比較的長い耐用期間によって引き起こされた瑕疵がなく、そして製造と売買契約締結との間が一二ヶ月を超えない場合には、そしてその限りにおいては、通常はなお「出来立て」である。このことを連邦裁判所(11)は、一日または短期間の使用許可も、乗り物がこの期間にずっと使用されないままでいた限り、その評価をなんら変えるところがないという断定まで拡張した。

2　証明責任の転換、民法典四七六条

原則として、瑕疵担保の権利主張の場合には、民法典四三七条によれば物の瑕疵を基礎づける事実についての主張および証明責任は買主に帰せられる(12)。消費物品売買の場合に民法典四七六条によって妥当する証明責任の転換の射程

について、連邦裁判所[13]は、この規定は単に瑕疵が危険の移転の時にすでに存在したという推定を含むに過ぎないと断定した。この制限は、損害が（中古車のモーターの損傷という具体的ケースにおいて）危険の移転の際にすでに存在したのではないことには争いがないが、売買目的物の性質の中で基礎づけられた原因に帰するかもしれない場合に（たとえば、弱すぎる歯車のベルト）、意味を持つ。発生した損害を同じように惹起したかもしれない代替的原因は（たとえば買主の運転ミス）、――原審の見解によるように――民法典四七六条の枠内では第一には顧慮しなくてもよい。それらはむしろ、そもそもあるがままの性質のあるべき性質からの消極的な乖離が存在するのかという、あらかじめ決定されるべき問題の場合にすでに意味を持つ[14]。というのは、売買目的物上の損害が目的物自体の性質の中の原因に帰することができないならば、すでにこの問題は否定されなければならず、そして、単に時間の観点でのみ作用する民法典四七六条の推定は援用されえないからである。すなわち買主は、これらの疑いのあるケースでは、**損害の素質**がすでに危険の移転の際に存在したことを証明しなければならない。この判例を、連邦裁判所[15]は、乗り物の売買契約について出したさらなる決定において確認した。

連邦裁判所[16]がこのことを別異に判断するのは、あるがままの性質のあるべき性質からの消極的な乖離の原因が確定している（車体の変形を明らかに側面からの力の作用に帰することができた）場合である。すなわち、当事者間では単に、損害の原因がすでに危険の移転の前に生じたか、あるいはその後に――もしかすると買主の影響の下で――生じたかについてだけ争われるならば、民法典四七六条の**時間的に作用する推定**の典型的状況が問題となる。その場合、問題となっている事故の損害がいかなる時にでも典型的に生じうるということ、そしてそれゆえ、危険の移転の際の存在への確実な帰納的推論を許さないということも、その障害とはならない[17]。民法典四七六条は、物の瑕疵が立ち入って調査した場合にはすでに引渡しの際には認識されえたであろう場合にも及ぶ。時間的推定が瑕疵の種類と調和しえないのは、専門的に精通していない買主も気づかなければならなかったであろう外的損傷が問題となる場合のみである(18)。民法典四七六条の証明責任の転換の適用は、消費者が売買目的物（洗面台）を第三者によって設置してもらったという理由だけからは排除されるものでもない(19)。このケースでは、消費者は、危険の移転の時点における物の性質の証明に関して、自身で目的物を設置する消費者と同じ程度保護に値する（以上、連邦裁判所の見解(20)）。

（6）OLG Düsseldorf, Urt. v. 8. 6. 2005 – I-3 U 12/04, NJW 2005, 2235–2236.

（7）OLG Düsseldorf, NJW 2005, 2235.

（8）OLG Düsseldorf, NJW 2005, 2235, 2236.

（9）OLG Düsseldorf, NJW 2005, 2235, 2236.

（10）BGH, Urt. v. 15. 10. 2003 – VIII ZR 227/02, NJW 2004, 160 f. それ以前に既に同様であった。BGH, Urt. v. 16. 7. 2003 – VIII ZR 243/02, NJW 2003, 2824 f.; BGH, NJW 2000, 2018–2020; 1980, 2127 f.; 1980, 1097 f.

（11）BGH, Urt. v. 12. 1. 2005 – VIII ZR 109/04, NJW 2005, 1422 f.

（12）Hk-BGB/Saenger, 4. Aufl. 2005, § 437 Rn. 30.

（13）BGH, Urt. v. 2. 6. 2004 – VIII ZR 329/03, BGHZ 159, 215–220. たとえば「作用の瑕疵」についてはさらに、OLG Stuttgart, Urt. v. 18. 01. 200 – 10 U 179/04, ZGS 2005, 276 f.

（14）BGHZ 159, 215, 219 f. 判決理由における定式化は誤解されやすい。これによれば、そもそも「物の瑕疵」が存するかが問題となる。しかしながら、物の瑕疵は、あるがままの性質のあるべき性質からの消極的乖離がまさに危険の移転の時点においてあったということを要件とする。

（15）BGH, Urt. v. 23. 11. 2005 – VIII ZR 43/05, NJW 2006, 434.

（16）BGH, Urt. v. 14. 9. 2005 – VIII ZR 363/04, ZGS 2005, 434–437.

（17）BGH, ZGS 2005, 434 f., 437.

（18）BGH, ZGS 2005, 434, 437. これに対して動物の売買の場合の証明責任の転換については、OLG Hamm, Urt. v. 3. 5. 2005 – 19 U 123/04, ZGS 2005, 397 参照。

(19) BGH, Urt. v. 22. 11. 2004 – VIII ZR 21/04, NJW 2005, 283 f.
(20) BGH, NJW 2005, 283, 284.

Ⅲ 瑕疵ある場合の買主の権利、民法典四三七条

瑕疵の付着を理由とする買主の権利は、民法典四三七条の中心的指示規範にまとめられる(21)。

1 追完(Nacherfüllung)、民法典四三七条一号

民法典四三七条一号、四三九条一項により、瑕疵ある物の買主はその選択に従い瑕疵の除去または瑕疵なき物の引渡しを求めることができる。修補(Nachbesserung)と追交付(Nachlieferung)の**限界**に関して、連邦裁判所(22)はこう断定した。瑕疵を有効に除去しえないわけではないが、他の永続的に存在する新たな物の瑕疵を惹起する(一生の継続診断を強いる穴あきプレートの移植)行為(ここでは、犬の手術)は、民法典四三九条一項の意味における瑕疵の除去とはならない(23)。言及した瑕疵の除去のために他の方法が使えない限り、修補は民法典二七五条一項により不能である――もちろん、どの程度些細でかつそれゆえに構わない効果の欠陥であれば修補請求権の存立に抵触せずに済むかという問題については、裁判所は態度を決定していない。しかし、追交付は、買主が売買の対象としての動物に対して親密な感情的結びつきを築いたことによっても不能になりうる(24)(以上、連邦裁判所の見解)。

これに対して、ブラウンシュバイヒ上級ラント裁判所(25)は、追交付義務の限界を極めて広く捉える。すなわち、売主が物をもはや手元に有さないという事情は、なお追交付の不能へとは至らない。同じことは特定物売買の合意にも妥当する。これによって、**特定物売買**（Stückkauf）では、他の物の引渡しは売主の義務のプログラムに属さないという理由からはじめから追交付を否定する学説の見解(26)は、拒絶される。この種の評価は立法者の意図に相反する。立法者は、民法典四三三条一項二文による瑕疵なき給付の義務によって、——その瑕疵なき物ではなく——ある瑕疵なき物による買主の満足を目指している(27)。これに相応して、不能の問題では、売主が債務を負担した種類の瑕疵なき物を市場では調達することができないのかということに照準を合わせなければならない（以上、上級ラント裁判所の見解）。もっとも裁判所は、当事者の利益状況にいかなるより詳細な要請を立てるべきかは未決のままにしている(28)。

追完の**履行場所**の確定については、これまで上級審の決定は出されていない。メンデン区裁判所（ＡＧ）の見解(29)によればこうである。売買目的物の当面存する場所が決定的であり、本来の履行場所は決定的ではない。追交付義務は、これによって法律により持参債務となる。民法典四三九条二項の費用負担義務、そして買主はこれ以上負担を課せられるべきではないという目的論的考察が、この解釈へとつながる(30)。売主は、単に民法典二七五条二項または民法典四三九条三項を援用することによってしか義務を免れることができない。民法典四三九条三項の援用はしかし、追完の費用が瑕疵なき物の価値の一〇〇パーセントを超えてしまう場合に、はじめて問題となる。民法典二七五条二項のための敷居はいっそう高く位置づけなければならない(31)（以上、区裁判所の見解）。

売主が追完の枠内で瑕疵なき物を引き渡せば、民法典四三九条四項、三四六条一項により瑕疵ある物の返還を買主に求めることができる。ニュルンベルク上級ラント裁判所の見解(32)によればこうである。しかし、このことと取り去られた**収益**の賠償への売主の請求権とは結びつかない。民法典四三九条四項は民法典三四六条一項への法律効果の指示を包含しない。というのは、この規定は物の返還のみに言及するにとどまり、その一方で、民法典三四六条一項は明示的に物の返還と収益の返還とを区別するからである。裁判所は、法律による理由づけを明らかに飛び越えて、解除の場合の利益状況は追完の場合とは異なるものであると述べる[33]。すなわち、後者のケースでのみ、売主に利益の割当てが残されているという。もちろん、売主はいったん瑕疵ある引渡しをなし、買主のための瑕疵担保請求権の貫徹が不快と結びつくという説明[34]が確固としたものであるかには、疑問を呈さなければならない。というのは、その限りにおいては、事実上解除との差異はなんら明らかにならないからである[35]。

2　損害賠償、民法典四三七条三号一段

給付に代わる損害賠償請求権と関連するのが、**猶予期限の設定**の必要性である（民法典二八一条一項一文。これに相当することは民法典三二三条一項により解除の場合にも妥当する）。連邦裁判所[36]は、緊急の治療として必要と思われる獣医による治療の場合、たとえ動物の生命の危険が存在していなかったことが事後的に判明するとしても、民法典二八一条二項により猶予期限の設定はなくてもよいと断定した。この決定の特殊性は、必然的な獣医によるさらなる世話のためにも、獣医を交替させる機会を売主に与える売主への修補の催告は不可欠とはみなされないという点にある。この交替はまた、買主に期待できないしかつ合目的でないという。しかしながら、この決定から、多数の措置においてなされるべき他の物件での修補――たとえば広範な自動車の修理――に結論を引き出すことができるかは、裁判所は明示的に未決のままにしている[37]。

売買法による損害賠償請求権は、原則として契約の相手方の**帰責性**（Vertretenmüssen）を要件とする。給付と並ん

だ損害賠償の場合には（民法典四三七条三号、二八〇条一項）、このことは瑕疵ある物の引渡しに関係する。原始的不能を理由とする損害賠償請求権の場合には（民法典四三七条三号、三一一条のa）、売主が給付の障害を契約締結の時点に知らず、かつその不知について責任を負わなくてもよいことが決定的となる。もっともそれ以外の場合に、給付に代わる損害賠償のケースでは何が基準点とみなされるかはこれまでは明らかにされていない。すでに前に1で批評した連邦裁判所の判決[38]においては、この問題は未決のままである。とはいえ、その決定の理由からはさまざまな手がかりを浮き彫りにすることができる[39]。一方では、引渡しの時点における瑕疵の認識、または給付の瑕疵の付着の惹起に照準を合わせることができる。他方ではしかし、単に追完をしないことまたはその失敗のみを引き合いに出すこともできる。さらに考えられるのは、双方の時点に関して無実の弁明（民法典二八〇条一項二文参照）を要求することである。

3　費用（Aufwendung）の賠償、民法典四三七条三号二段

改正に伴い、民法典二八四条が無駄になった費用の賠償に関して新たに民法典に取り入れられた。連邦裁判所[40]は、この規定が非商業目的と同じように商業目的の費用も把握すると決定した。すなわち、売買目的物が使用された後に売買契約が元に戻されれば、費用賠償請求権は収益期間に相当して減額される[41]。**解除**のケースでは、民法典二八四条は民法典三四七条二項によって排除されない。その代わりに、損害または費用賠償への請求権が民法典三四七条二項に基づく費用（Aufwendung）および費用（Verwendung）の賠償請求権と並んで生じるだろう。というのは、旧法による解除と損害または費用賠償との代替性は、民法典三二五条によってまさに克服されるべきであり[42]、その上、民法典四三七条三号も損害賠償と費用賠償との排他的関係を基礎づけないからである。むしろ、民法典二八四条の文言から

は、給付に代わる損害賠償の代替的関係のみが意図されているのは明確となろう。この関係は、単に同一の財産的不利益に関係しても存在するが、これに対して双方の請求権の主張そのものについては存在しない[43]（以上、連邦裁判所の見解）。

4　自力実行（Selbstvornahme）

自力実行は、民法典六三四条二号、六三七条においては請負契約に関して、民法典五三六条のａ二項においては賃貸借法に関して明示的に規律されているが、これに対して、**売買法においては定められていない**。連邦裁判所[44]はこう断定した。自力実行は、いわば売主によって節約された瑕疵の除去のための費用を売買代金に算入するという抜け道によっても、というよりはむしろ、民法典三四六条以下によるすでに支払われた売買代金の返還債権によっても、民法典三二六条二項二文、四項と結び付けて類推的に導入することができない。民法典三二三条一項による解除の枠内での算入、というより返還債権は、――二項による猶予期限の不要という例外はついているが――買主が売主に追完のための相当の期限を設定しなかった場合には排除される。同じことは、民法典三二三条一項の要件が同じように充足されなければならないだろう代金減額にも、また同様に猶予期限の徒過が要件とされる民法典二八一条一項一文による損害賠償請求権にも妥当する[45]。民法典三二六条二項二文、四項と類推的に結びつけた民法典四三七条二号、三四六条以下の検査に際し、連邦裁判所は、買主による自力実行が追完の不能へと至るかは未決のままにしている。いずれにせよ、民法典三二六条二項二文への類推のために必要な規律の欠缺は存在しない。民法典四三七条以下は、立法者が請負契約法および賃貸借法とは異なり意識的に自力実行権の導入を断念した一つの**完結した規律**を表す[46]。この規定の適用はまた追完の優先の原則と相反するであろう。この原則は、売主に追完への権利（「第二の提供の権利」）を保証し、それは買主の権利がそれ以上続くことを拒絶するのに役立つ。その上、自力実行権を肯定することは、売買目的物を検査し場合によっては証明を確実にする機会を売主から取り上げることとなろう(47)（以上、連邦裁判所の見解）。このことに結びつけて、連邦裁判所(48)はさらに、――請負契約法についての判例の伝統において――修補が自力でなされるならば民法典六八四条一文、八一二条に基づく賠償請求権も生じないこととなろうと決定した。

5　瑕疵担保の排除、民法典四四四条

売買法による瑕疵担保を契約によって除去する可能性は、消費物品売買についての準則（民法典四七四条～四七九条）の導入によって著しく制限された。(49)これらの準則はしかしながら、消費者相互間、というよりむしろ事業者相互間の売買契約には（供給者の求償の例外がついているが）効力を及ぼさない。これまで連邦裁判所(50)は、簡単に、契約による瑕疵担保の排除は**契約締結後でしかし危険の移転前**に生じる**瑕疵**をも把握するということから出発した。いまや連邦裁判所(51)は、これまでの判例からの明示的転換の下、そのように一方的な当事者合意の理解は原則として買主の不利益には受け容れることができないと断定した。すなわち、もし瑕疵担保の排除が契約締結後でしかし危険の移転前に発生する瑕疵も把握するというならば、当事者はこれをその合意において明確にするはずである。(52)買主は、契約締結後にはじめて生じる瑕疵に対しては、その他の場合のように、たとえばより少ない売買代金の交渉によって自身を守ることはできず、売主はこれに対してこの時期における悪化のリスクをむしろコントロールすることができる。(53)それゆえ、法律は売主にこれらのリスクを適切に割り当てている（民法典四四六条、四三四条一項一文）。(54)買主がそれらを売主から

引き受ける意思があるということは、合意の際に明文ではっきりさせなければ前提にすることができない[55]（以上、連邦裁判所の見解）。ちなみに、責任の排除は原則として狭く解釈しなければならないということが明らかにされる[56]。

ハム上級ラント裁判所[57]は、**私人**間の中古車の売買の場合の責任の排除には原則として不平を言うことができないと詳述した。このことは、新たに製造された物にのみ関係する民法典三〇九条八号への、および、消費物品売買契約の場合の瑕疵担保の排除にのみ関わる民法典四七五条への逆推論から明らかになるというのである[58]。裁判所はしかしながら、一般的な免責の署名は、それが人格的損害に対する責任（民法典三〇九条七号a）または重大な過失に対する責任（民法典三〇九条七号b）も包含する場合には、全体として無効であることを明らかにもする。そのうえ裁判所は、民法典四四二条、四四三条、四四四条、四四五条において言及された性質保証（Beschaffenheitsgarantie）が内容的に旧法による性質保証（Eigenschaftszusicherung）と一致すると詳述した[59]。これによって、判例により中古車売買の場合の性質保証について展開された基準は新法に転用されうることになる。それらの基準は新法では売買法上の規定によってより厳格化された責任へと至る。

（21） 民法典三〇七条～三〇九条によって制限された、一般的購入条件によって買主の権利を拡大する手段については、BGH, Urt. v. 5. 10. 2005 – VIII ZR 16/05, NJW 2006, 47 参照。
（22） BGH, Urt. v. 22. 6. 2005 – VIII ZR 281/04, NJW 2005, 2852–2855.
（23） BGH, NJW 2005, 2852, 2854.
（24） BGH, NJW 2005, 2852, 2855.
（25） OLG Braunschweig, Beschl. v. 4. 2. 2003 – 8 W 83/02, NJW 2003, 1053 f.
（26） Lorenz, JZ 2001, 742, 743 f のみ参照。
（27） OLG Braunschweig, NJW 2003, 1053, 1054.

（28） この問題についてはたとえば、LG Ellwangen, Urt. v. 13. 12. 2002 – 3 O 219/02, NJW 2003, 517-518.

（29） AG Menden, Urt. v. 3. 3. 2004 – 4 C 26/03, NJW 2004, 2171-2172.

（30） AG Menden, NJW 2004, 2172.

（31） AG Menden, NJW 2004, 2172.

（32） OLG Nürnberg, Urt. v. 23. 8. 2005 – 3 U 991/05（ＢＧＨ民事第八部での上告（200/05）は有効ではなかった）ZGS 2005, 438-440.

（33） OLG Nürnberg, ZGS 2005, 438, 439.

（34） OLG Nürnberg, ZGS 2005, 438, 439.

（35） たとえばこれについては、Saenger/Zurlinden, EWiR § 439 BGB 1/05, 819 f.

（36） BGH, Urt. v. 22. 6. 2005 – VIII ZR 1/05, ZGS 2005, 433.

（37） 注（36）参照。

（38） BGH, Urt. v. 22. 6. 2005 – VIII ZR 281/04；BGH, NJW 2005, 2852-2855.

（39） これについては、BGH, NJW 2005, 2852, 2853 ff.

（40） BGH, Urt. v. 20. 7. 2005 – VIII ZR 275/04, ZIP 2005, 1512-1515. すでに原審もである（OLG Stuttgart, Urt. v. 25. 8. 2004 – U 78/04.）。

（41） BGH, ZIP 2005, 1512, 1514 f.

（42） BGH, ZIP 2005, 1512, 1513.

（43） BGH, ZIP 2005, 1512, 1513 f.

（44） BGH, Urt. v. 23. 2. 2005 – VIII ZR 100/04, NJW 2005, 1348-1351. これにかかる連邦裁判所の決定も参照（前注（36））。

（45） BGH, NJW 2005, 1348.

（46） BGH, NJW 2005, 1348, 1349 f. この際、連邦裁判所は、売主の側で節約された費用への請求権と自力実行権の枠内で補償されるべき自身の費用とは区別されるべきであるとする学説の批判（Ebert, NJW 2004, 1761, 1763；Lorenz, NJW 2003, 1417, 1419）に詳細に応接した。

（47） BGH, NJW 2005, 1348, 1349 f. ここでは、買主には依然として請求権の要件の証明の責任が負わされ、かつ売主はその限りで不利益を予期しなくてもよいという学説の論証にもぶつかることになる。Ebert, NJW 2004, 1761, 1764；Katzenstein,

ZGS 2004, 349, 354 Fn. 48 参照。

(48) BGH, Urt. v. 22. 6. 2005 – VIII ZR 1/05, ZGS 2005, 433 参照。請負契約法については、BGHZ 46, 242, 246；70, 389, 398；92, 123, 125；96, 221, 223 参照。

(49) これについてはⅣ以下。

(50) たとえばさらに、BGHZ 114, 34, 39；Urt. vom 8. 3. 1991 – V ZR 351/89 参照。

(51) BGH, Urt. v. 24. 1. 2003 – V ZR 248/02, ZIP 2003, 532 f.

(52) BGH, ZIP 2003, 532.

(53) BGH, ZIP 2003, 532, 533.

(54) この決定はなおBGB旧四四六条一項、四五九条一項一文についても出された。

(55) BGH, ZIP 2003, 532, 533.

(56) BGH, ZIP 2003, 532, 533.

(57) OLG Hamm, Urt. v. 10. 2. 2005 – 28 U 147/04, ZGS 2005, 318–320.

(58) OLG Hamm, ZGS 2005, 318, 319.

(59) OLG Hamm, ZGS 2005, 318, 319.

Ⅳ　消費物品売買、民法典四七四条以下

消費物品売買は民法典四七四条一項一文によれば、消費者が事業者から動産を買う場合に存する。連邦裁判所[60]は、消費者の資格の要件（民法典一三条）が、**買主**が売買目的物を確かに私的目的のために買うが、しかし**外形上は業者として現れる**場合にも充足されるのか、という問題に取り組まなければならなかった。結局この問題は依然として未

決である。すなわち、買主が売主を意図的に行為の目的について欺く場合、いずれにせよ民法典四七四条以下の援用は排除される[61]。そのような振舞いによって買主は信義および誠実に反する（民法典二四二条。「venire contra factum proprium（自分の行動に反して振る舞うこと）」）。この評価には、立法資料も、必要とされる指令に一致した解釈も反しない[62]。成年であると自称しながらも法によって未成年として扱われる未成年者の取扱いとは、この場合は区別しなければならない。なぜなら、未成年法には消費者保護の規定とは異なる保護方向が根底にあるからである[63]（以上、連邦裁判所の見解）。

消費者との売買契約の場合に責任を排除する可能性が事業者にないとすると、実務上、結果的に消費物品売買に関する規定を潜脱する試みへとつながってしまう。連邦裁判所[64]は、その点ではこう断定した。事業者が売主側のある消費者のために買主側の他の消費者と売買契約を締結する代理行為（Agenturgeschäft）は、一般的には民法典四七五条一項二文の意味における**潜脱行為**とみなすことはできない。その限界は、代理行為が真実存在する性格を覆い隠すために悪用されるところに引かなければならない[65]。ある性格が存在するかという問題の判断は、従来の所有者と取引する事業者への機会およびリスクの分配の経済的考察に基づいてなされなければならない。事業者が経済的リスクを負うならば、物の買受けがなされかつ事業者自身が転売したということから出発しなければならない。たとえば、業者が売り渡すべき物の所有者に特定の最低売却価格を保証し、かつ所有者には他の物の購入の際にはその支払いを猶予する場合がそうである[66]。それでもなおでっち上げた代理行為は、民法典四七五条一項二文によって承認されない。万が一あるかもしれない責任の排除は、民法典四七五条一項一文で計ることができるはずである（以上、連邦裁判所の見解）。

すでに原審がはっきりさせていたのはこうである。**代理行為**を原則として許容する差異はすべての参加者の利益において要求されている。[67] 業者は市場の条件に基づきこの形態を強制されることがありうる。というのは、そうして売主は対象を容易に売り払うことが可能となり、買主は瑕疵担保のないことに対する補償としてより低い価格を交渉することができるからである。[68] そのうえ立法者は、代理行為を消費物品売買の場合に一般的に禁止する試みには意図的に従わなかった[69]（以上、原審の見解）。連邦裁判所は、この説明に同調する。[70] 事業者と従来の所有者との内部関係における経済的なリスク分配は買主にとって外形上は通常認識可能ではなく、かつ買主がそれゆえ、誰が瑕疵担保請求権の主張の場合に正しい訴訟相手であるのかを全く確実には知ることができないということは、連邦裁判所の見解によれば重大ではないとされる。単に推定された請求相手の事実を訴訟で証明することができないというリスクは、消費者保護の観点においても原告から取り除くことはできないという。[71]

ナウムブルク上級ラント裁判所の見解[72]によるとこうである。サプライヤーと**リース業者**との間の責任排除においても、リース業者がその請求権をその後ユーザーに譲渡する場合に、消費物品売買法の潜脱はない。それゆえ、ユーザーは消費者の資格にもかかわらず、サプライヤーに対する関係で消費者保護規定を援用することができない。この結論は、利益状況の差異によって理由づけられる。リース取引の場合、ユーザーはリース物品を売買契約の場合とは異なり通常まさに永続的に取得する意思はない。[73] その上、リース業者も消費者のために行動しているのではなく、自身の取引を締結する意思を有する。リース業者による請求権の譲渡は、単にユーザーに対する関係で自身の責任から免れるのを示すことしか目指さない[74]（以上、上級ラント裁判所の見解）。

（60） BGH, Urt. v. 22. 12. 2004 – VIII ZR 91/04 ; BGH, ZGS 2005, 114-116.
（61） BGH, ZGS 2005, 114 f.

(62) BGH, ZGS 2005, 114, 115 f.
(63) BGH, ZGS 2005, 114, 115.
(64) BGH, Urt. v. 26. 1. 2005 – VIII ZR 175/04 ; BGH, NJW 2005, 1039–1041.
(65) BGH, NJW 2005, 1039, 1040.　学説における諸見解の詳細な説明をつけつつである。
(66) BGH, NJW 2005, 1039, 1040.
(67) OLG Stuttgart, Urt. v. 19. 5. 2004 – 3 U 12/04, NJW 2004, 2169–2171.
(68) OLG Stuttgart, NJW 2004, 2169, 2170.
(69) OLG Stuttgart, NJW 2004, 2169, 2170.
(70) BGH, NJW 2005, 1039, 1040 参照。
(71) BGH, NJW 2005, 1039, 1040 f.
(72) OLG Naumburg, Urt. v. 21. 3. 2005 – 8 U 2366/04, ZGS 2005, 238–239.
(73) OLG Naumburg, ZGS 2005, 238.
(74) OLG Naumburg, ZGS 2005, 238, 239.

V　消費者保護

サンプル売買の場合には（民法典四五四条[75]）、通信販売または訪問販売との組み合わせにおいて、**承認期限**（民法典四五五条）と**撤回期限**（民法典三五五条一項二文）との**競合**が生じる。これについて、連邦裁判所[76]はこう決定した。撤回期限は売買契約が承認によって消費者を拘束するようになった時点にはじめて開始する。すなわち、期限は順次進行する。撤回は主として特別に形成された解除権として分類され、その結果、まず有効な契約が成立しなければならず、それからそれが撤回によって巻き戻しの債務関係に変形されうる(77)。撤回権を契約が有効となった時点にはじめて成立させようとはしない見解すら、期限の開始に関してはこの時点に照準を合わせなければならない。このことを必然的にするのは、契約が消費者をこの時点にはじめて拘束するという事実だけでなく、一方では承認期限によって他方では撤回期限によって追求される異なった目標である(78)。ところで、消費者の撤回権は、売主がサンプル売却の場合により早い時点を撤回期限の開始として指示する場合、民法典三五五条三項三文により不適切な通知を理由として、消滅しない（以上、連邦裁判所の見解(79)）。

(75) 約款規制法における給付変更約款に結びついたサンプル売買については、BGH, Urt. v. 21. 9. 2005 – VIII ZR 284/04, BB 2005, 2487-2489 参照。
(76) BGH, Urt. v. 17. 3. 2004 – VIII ZR 265/03, ZIP 2004, 1157-1159.
(77) BGH, ZIP 2004, 1157, 1158. Erman/Saenger, BGB, 11. Aufl. 2004, § 355 Rn. 4 も参照。
(78) BGH, ZIP 2004, 1157, 1159.
(79) BGH, ZIP 2004, 1157, 1159.

Ⅵ 要約

判例はこの遡る三年間において、主に消費者を保護する新しい規定に取り組まなければならなかったという印象がある。このことは、消費者がこれらを現実に厳しく援用していることを裏づける。改正立法者の他の提案——たとえば事業売買契約（民法典四五三条一項の二）のより徹底した取入れ――は、これに対して実務によっては受け入れられなかった。判例がないことが、その限りで依然として包括的かつ個別に形成された契約群に、そして仲裁裁判権にかけられることを明らかにしている。

ドイツにおける法律学の学修

Das Studium der Rechtswissenschaften in Deutschland

山内惟介 訳

目　次

Ⅰ　法曹教育の目標――「完全法曹」
Ⅱ　大学での学修期間
Ⅲ　法学学修の題材
　1　授業科目のタイプ
　2　学修内容
Ⅳ　学修の過程
　1　第一学期から第四学期まで――中間試験受験
　2　第五学期および第六学期――重点研究分野の学修と大学による重点研究分野別試験
　3　第七学期および第八学期――必修科目の国家試験に向けた準備
　4　第八学期以後――必修科目の国家試験
　5　実習による学修期間
Ⅴ　追加の資格――専門分野の外国語教育コース
Ⅵ　外国滞在――外国での学期
Ⅶ　その他の資格
Ⅷ　司法修習
Ⅸ　弁護士職の専門化
Ⅹ　まとめ

I　法曹教育の目標――「完全法曹」

ドイツ連邦共和国は、ひとつの連邦国家である。ドイツ連邦共和国の法曹教育は一律に規律されているわけではない。連邦を構成する一六の州ごとに、一六通りの法曹養成に関する法律と規則が適用されている。むろん裁判権については、ドイツ裁判官法が定めるのと軌を一にして、連邦の立法者が管轄権を有する。法曹教育の均一性をドイツ連邦共和国全域にわたって保障するため、ドイツの法曹教育が対象とする職業は裁判官とされている。裁判官になる者の人数がたとえ卒業生の二〇パーセントに満たないとしても、この点に変わりはない。ドイツ裁判官法が描いている、「均一」とか「完全」とかという言葉で表されるこうした法曹のイメージは、現在四二校ある国立大学法学部と私立ロー・スクール一校とで行われている法曹教育を連邦レヴェルで比較することができるという、立法者の仮説のもとに成り立っているものである。

法学の学修は、一般的な大学入学資格と結び付けられた、従来は一三年間の、今日では一二年間の学校教育に続けて行われている。しかしながら、第一次司法国家試験の廃止により、「Diplomjuristen（法曹学位）」という名称の学位を得ることは、それだけでは古典的な法律職に就く資格の取得を意味しない。今日、法曹教育は二つの部分に分けられている。ひとつは大学での学修であり、これは第一次試験と結び付けられている。もうひとつは二年間の実務準備業務（司法修習）であり、この業務を終える際に受験する第二次司法国家試験（司法修習生修了試験（Assessorexamen））がある。これら二つの課程をうまく通り抜けた者だけが「完全法曹」として、裁判官およびその他のあらゆる法律職、たとえば弁護士、検察官、行政機関・経済界・各種団体における法律家になる資格を有する。伝統的な法曹教育のモデルは、依然としてこのような包括的資格を有する「均一法曹」である。この結果、ドイツの法曹が職業生活に入る時期は、——たとえ外国での学修課程を卒業していなくても、また法学博士号取得論文を完成していなくても——ヨーロッパの他の諸国と対比してみると、相対的に遅くなっている。というのは、彼らが職業生活に入る年齢は二六歳または二七歳に達しているからである。

Ⅱ　大学での学修期間

法曹教育法が定めるところによれば、原則的な学修期間は九学期——各学期は一四週間で、冬学期は一〇月中旬から翌年の二月中旬まで、夏学期は四月初めから七月初めまでである——であり、どの学期にも試験期間が含まれる。この原則的な学修期間の枠内で、各大学の法学部でそれぞれに学修計画が立てられている。いわゆる「試し打ち規定」が導入されたことにより、平均的な在学期間をこれまでの一二学期から現在では九学期へと短縮することができた。最低在学期間は四学期である。実際の評価をみると、すでに前もって関連する分野の専門教育を修めていた学生（たとえば司法補助官）ぐらいしか、これほど短期間に国家試験に必要な知識を修得することはできていない。

Ⅲ　法学学修の題材

1　授業科目のタイプ

講義（Vorlesungen）では、どの法分野でも全般的で体系的な説明が行われている。最も重要な必修科目には、付随して――最初の二学期間――復習コース（Arbeitsgemeinschaften）が設けられている。そこでは、二〇名ないし三〇名程度の参加者から成る小グループごとにチューターとして一名の指導者がついている。復習コースでは、具体的事案を解決する技法が採用されており、各法分野における諸問題につき討議が行われる。講義が終了すると、（学期末）筆記試験（Klausuren）および宿題（Hausarbeiten）が課される。宿題は、何らかの事例問題について鑑定意見を書くものである。そのために必要な鑑定書の作成や条文解釈の技法は、すでに最初の学期からいろいろな科目の講義や復習コースでそれぞれの法分野の体系的説明とともに学生に教えられている。

ゼミナールは教授一名の指導のもとに少人数で行われる授業である。そこでは特定のテーマが取り扱われる。ゼミナールが始まる前に、テーマのリストが作成されている。どの参加者も何らかのテーマで報告しなければならない。すなわち、いずれかのテーマに関して書面による報告書を作成し、ゼミナールの時間に口頭で報告しなければならない。ゼミナール活動の評価は、ミュンスター大学で行われている規定では、第一次国家試験における試験の評価全体の一〇パーセントを占めている。試験の準備で重要なのは、いわゆる「大学内補習授業（Unirep = ein universitätsinternes Repetitorium)」——試験科目のうち重要な法分野における応用力をつける反復練習コース（Wiederholungs- und Vertiefungskurse）——と筆記試験コース（Klausurenkurs）である。筆記試験コースは本番の試験と同じような条件のもとで筆記試験の答案を作成する機会を提供するものである。

2　学修内容

法学の学修の中心にあるのは、必修科目とされる三つの基本的な法分野である。そのうち、私法は私人相互間の法律関係を規律する。公法（国法および行政法）は広義では国家およびそのすべての構成部分の組織および活動に関わるものであり、そこには市民（Bürger）個人に対する関係や他の国家および国際組織に対する関係で生じるものも含まれている。刑法は、ある特定の人間による行動（犯罪、非行）につき国家による制裁（刑罰、処分）を命じる規定の総体である。これらと同様に、必修科目として、基礎法の分野（法の歴史的・哲学的および社会科学的な基礎、法律学方法論）がある。

このほか、重点研究分野として、その他の多彩な法分野が用意されている。学生はそれらの中からみずからの関心に応じて重点分野を選ぶことになる。多くの大学の法学部は重点研究分野の種類や数を個別的に定めている。ミュンスター大学で開設されているのは、現在のところ、①経済法・企業法、②労働法・社会保障法、③情報法・テレコミュニケーション法・メディア法、④国際法・ヨーロッパ法・国際私法、⑤権利確保・紛争解決法、⑥国家・行政機関、⑦刑事学、⑧租税法、これらである。このリストは、いろいろな授業科目によって補充され、拡大されている。たとえば、工業所有権法、保険法、経済刑法、秩序違反法、倒産法、外国法体系入門などがそうである。

右のリストは、このほか、さらにいろいろな授業科目によって補充され、拡大されている。たとえば、情報法・テレコミュニケーション法・メディア法、保険法、銀行法および弁護士法がそうである。その際、一部では、(自由意思による参加の形態で) 追加的教育が行われている。このコースで学ぶときは、受講を証明するものとして (学修規則に定められていない) 証明書を取得することができる。

Ⅳ　学修の過程

法曹教育法は、大学生に対して何ら特定の学修プランを強制するものではない。基準とされているのは、第一に、第一次試験受験届出に際して少なくとも四学期間、法学を学修していなければならないこと、第二に、中間試験 (Zwischenprüfung) ——この試験は各科目の学期末筆記試験 (Abschlussklausuren) で結果を出していることにより証明される——に合格していること、そして第三に、各コース (Studiengang) はひとつの「達成目標に即した順序」を示していること、これらだけである。順序通りの学修をしたことは学修記録 (Studienbuch) により証明される。すなわち、順序通りの学修に含まれる授業課目を履修することが義務づけられ、かつ、そのことが当該学生自身により学修記録に記録されなければならない。受験者が必要な授業課目に実際に出席していたかどうかは検査されない。このことは学問の自由 (akademische Freiheit) のひとつの表現である。学問の自由によって、学生は、原則として、みずからの学修を自己責任で組み立てる自由を保障されている。達成目標に即した学修プランのためにどのような学び方が提案されているかは法学部が用意する学修モデルに見出される。これら学び方に関する提案はむろん学生を拘束するものではないが、そうだからといって、それ以外の完璧なひとつのプランを選ぶことにもさほど意味があるわけではない。大まかな規則として通用しているのは、一週間あたり二〇ないし二二時間を超えて授業課目を履修してはならないということである。というのは、こうした制限を加えなければ、十分に予習や復習をすることができないからである。

学修プランに掲載されているすべての学修科目の履修について、配点（Leistungspunkte）（「単位（Credits）」）が定められている。この配点は授業課目に振り向けられた作業の内容に応じて、以下のように段階づけられている。

(1) 講義とそれに付随する学期末筆記試験――学期中各週一時間につき一・五単位
(2) 重点研究分野のゼミナールとそれに付随するゼミ報告活動または宿題――九単位
(3) 必修科目の学期間休暇中の宿題――六単位
(4) 大学内補習授業で行われる授業科目――学期中各週一時間につき一・五単位
(5) 復習コース――学期中各週二時間につき一・五単位
(6) 実習――作業に従事した各週につき一単位

どの試験の成績も、評定は優（sehr gut）から不可（ungenügend）まで、または一八点から〇点まで区分されている。

1　第一学期から第四学期まで――中間試験受験

最初の学修期間は四学期から成り、中間試験受験をもって終了する。講義――これには復習コースが併設されている――を通じて、基本となる三つの法分野（民事法、公法および刑事法）ならびに基礎法分野の基礎知識が提供される。

その際、どの必修科目の講義でも、学期末ごとに筆記試験が行われる。筆記試験では、講義で修得した知識が問われるが、それとともに、またはそれに代えて、事例問題が出される。事例問題については、約二時間で、鑑定意見書を作成しなければならない。学期末筆記試験は学生が自分なりの成果をどこまで達成できているかを確認するために用意されているものであり、学修を促進する中間試験の副産物のひとつである。注意すべきは、この定期筆記試験が国家試験において大きな意味を持つという点である。学修プランの効果が上がるようにするためには、学生は、最初の学期からできるだけたくさんの筆記試験を受けて、何度も書く練習を積む必要がある。

このほか、学期間の休暇中に仕上げなければならない宿題の場合も、同様に、事案ごとの鑑定意見書作成が対象とされている。すでに第一学期中に行われている宿題の作成も、やはり同様に、国家試験の準備となっている。つまり、宿題に筆答することを通じてのみ、報告活動を文書で行うのに不可欠の、裁判例や法学文献の評価活動を学ぶことができる。中間試験に合格するには、基礎法の授業科目の学期末筆記試験（三単位）、学期間休暇中の宿題二つ（各六単位）、それに、最初の四学期に履修する必修科目の講義の学期末筆記試験（全部で六〇単位）、これらに合格していなければならない。中間試験に合格することは重点研究分野の学修に参加する要件である。

2　第五学期および第六学期——重点研究分野の学修と大学による重点研究分野別試験

第二の学修期間（第五学期および第六学期）には、必修科目の知識が広げられ深められるとともに、各自が選択した重点研究分野（経済法・企業法、労働法・社会保障法、情報法・テレコミュニケーション法・メディア法、国際法・ヨーロッパ法・国際私法、権利確保・紛争解決法、国家・行政機関、刑事学または租税法）における知識が修得される。この学修期間は大学による重点研究分野試験をもって終了するが、この試験の評価が国家試験の総合点の三〇パーセントを占めている。重点研究分野試験に合格するには、基礎法授業科目の学期末筆記試験（三単位）、学期間休暇中の宿題（九単位）、それに重点研究分野として選んだ科目が属する授業科目の学期末筆記試験（全部で一八単位）、これらに合格していなければならない。

3　第七学期および第八学期——必修科目の国家試験に向けた準備

第三の学修期間（第七学期以降）に、必修科目の国家試験に向けた準備が始まる。大学生の圧倒的多数は、「国家試験に慣れる」ために、民間の補習授業（Repetitor）に通っている。大学が国家試験準備のために用意している、少なくともこれと同様の優れた、しかも無料のコースと対比すると、補習授業の方は明らかに費用が高くつくものである。さらに、民間の補習授業において行われている形式での、国家試験上重要な素材の取り上げ方が、国家試験において、多くの補習授業が約束しているような成果を実際にも上げているかどうかという点には疑いがある。ミュンスター大学法学部は、必修科目の試験に向けた準備のために、大学内補習授業を一週間二〇時間の範囲内で提供している。この補習授業は講義が行われない時期、つまり学期間の休暇中も行われている。そのほか、ミュンスター大学法学部は、相当程度の規模で、国家試験における筆記模擬試験コースを実施している。このコースはドイツ国内の他のどの大学の法学部でも行われていないものである。その成果を、他の大学の法学部と対比してみると、ミュンスター大学の場合、落第率が低く、良（befriedigend）以上の成績で試験に合格した者の数が多く、学修期間も比較的短い——このことは優良ランキングにも反映されている。

4　第八学期以後——必修科目の国家試験

大学での学修は、司法試験考査局に必修科目の国家試験受験を届け出ることによって終了する。この試験の結果は最終的成績の七〇パーセントを占めている。国家試験であるところから、この試験の実施主体は大学ではなく、各ラントの司法試験考査局である。試験は筆記試験と口述試験とから成る。最初に六科目の筆記試験が行われる。求められているのは——学修中にすでに行われていたのと同様に——それぞれ、事例問題を解決するための鑑定書の作成である。その後、口頭報告を伴う口述試験が行われ、それに続けて試験担当者との質疑応答が行われる。学生に興味を持たせるため、またできるだけ早い時期に国家試験受験届けを出させるようにするため、そして試験の重圧に負けないようにするため、立法者は試し打ち規定を導入した。このルールは、遅くとも第八学期終了までに必修科目の受験を届け出た学生に対し、最初の試験への挑戦が失敗した場合にもう一回挑戦する機会を与えている。この「試し打ち」は必修科目の試験に合格するための機会を全部で三回用意している。このほか、評点をより高くするために、繰り返し受験することもできる。

これよりも前に、つまり遅くとも第七学期終了後までに国家試験受験を届け出ている大学生に対しては、これに加えて、別の緩和策が認められている。すなわち、この場合、大学生は「段階を分けて」、つまり同じ時期にではなく、二つまたは三つの時期に分けて筆記試験を受けることができる。これにより、必修科目の筆記試験をそれぞれ分離して準備することができるようになっている。長期間重い病気にかかっていたとか、妊娠や子育てとか、その他やむをえない理由とかにより学修を妨げられていた者には、この試し打ちの機会が与えられなければならない。さらに、外国での学修も、一定の条件のもとで、三学期までは対象外として計算に入れないことができる。ミュンスターで専門分野の外国語教育コース（fachspezifische Fremdsprachenausbildung）を修了した者も、同様に、試し打ちのため、一学期だけ余計に過ごすことができる。

5　実習による学修期間

大学での学修のほかに、講義が行われていない間に、三ヶ月間で修了できる、実習による学修期間が設けられている。そこでは、通例、少なくとも六週間が司法活動（すなわち、弁護士事務所や企業法務）に、また少なくとも六週間が行政機関での活動に充てられている。この教育課程は外国の教育機関のもとでも修了することができる。

V　追加の資格――専門分野の外国語教育コース

さらに、法学部によっては――このこと自体、ドイツでは珍しい例であるが――、追加のコースとして、「法律家のための専門分野の外国語教育コース」が用意されている。法学部の学生は、その主たる専門分野である法律学に加えて、英語やフランス語の法律用語（Rechtssprache）で四学期間にわたって行われる教育を受ける可能性を選択することができる。このコースは、二学期の聴講課程と二学期の検定課程とから編成されている。この教育コースでは、それぞれの言語で、少なくとも四つのコースが、専門分野に関する外国語運用能力、事例分析の方法論、当該国の言語での法律文献読解力、これらを発展させるために設けられており、さらに追加的に四つのコースが、当該国法秩序の基礎的部分の導入を行い、個々の重要な法分野の知識を深めるために設けられている。これにより、ドイツ国内での教育と同価値の教育が行われ、そこで達成された学修や試験の成果（たとえば、外国での学修の枠内でのそれ）を利用することができるようになっている。

教育は実務との関わりを強く意識して行われている。非常勤講師（Lehrbeauftragter）には、当該国の法律家、つまり当該国で話されている外国語で実務活動を行い、職業としての実務教育も当該国で経験し、法律用語を当該国法秩序との関連で提供することのできる「母語話者（native speakers）」が採用されている。この教育の一部として、学期間休暇中に（または協定校たる外国の大学で学修のために滞在中に）少なくとも三週間の当該外国における実習（Auslandsspraktikum）も組み込まれている。ミュンスター大学でこのコースに進む法律家は、このコースで、大学入学前に学校（ギムナジウム）で習った英語やフランス語の優れた知識をこの学修期間中に専門的にさらに発展させ、同時に、外国の法秩序に習熟することができる。到達水準が高く設定されている修了試験に合格すれば、修了者には達成した成果につき二か国語による証明書が付与される。若い法律家はこうしたやり方で、実務上も、特に、ヨーロッパ統合により将来の活動の機会が提供される余地が高まっていることもあって、ますます増え続けている渉外事件関連の諸課題に対する準備を、言葉の点でも専門分野の点でも、早いうちから進めることができる。

Ⅵ　外国滞在――外国での学期

法律関係の国際化とヨーロッパの統合により、諸外国の法秩序をも取り上げることがますます重要になっている。法曹教育法に掲げられた必修科目のプログラムを補充するために提供されたそれぞれの科目の講義の履修と並んで、法学学修期間中の一学期ないし二学期間を外国で学修することが法学部で推奨されている。法学部は、いわゆる「エラスムス・ソクラテス計画（ERASMUS／SOCRATES-Programms）」の枠内で、総計四〇を越える、フランス、イギリス、スペイン、ギリシャ、ベルギーおよびオランダの大学と特別の関係を保持している。これにより、外国で学期を過ごすために「エラスムス移動奨学金（Erasmus-Mobilitätsstipendium）」という名前の奨学金を得ることができる。

Ⅶ　その他の資格

成果を上げて学修を終えた者は、学修を補充したり発展させたりすることにより、追加の資格を取得することができる。「LL. M. -Titel（法学修士号）」という学位は、以前は外国での学修の証明に過ぎなかったが、今では、専門知識があることや上級の知識があることの証明となっている。さらに、今では、経済法の分野で、経済学の能力を有することを証明する必要性が出てきている。というのも、法と経済との交錯領域で追加のコースが設けられ、「E. MBA

（経済学の経営管理修士号）（MBA（＝Master of Business Administration）」という学位が用意されているからである。ミュンスターでは、二〇〇二年から二〇〇三年にかけての冬学期以降、「法学修士号および経済学の経営管理修士号取得のための上級コース）」として、「企業買収」、「租税学」、「保険法」が開設されている。さらに今年から、「法学修士号取得コース」として、「不動産法」が加わった。現在準備中のものには、「財産管理・相続計画」がある。ドイツおよび諸外国の他の大学も、同様に、いろいろな学部卒業生向けコースを設けている。さらに、学修を終えた後に、銀行、保険会社や事業会社が提供するインターンシップ・プログラム（Trainee-Programm）を修了することもできる。

Ⅷ　司法修習

第一次司法国家試験に合格した者は二年間の法務予備業務（司法修習（Referendariat））に就くことができる。増え続ける申請者を受け入れるのに十分な数の受け皿を用意することが難しいため、むろん、ある程度の待機期間を受け入れざるを得なくなっている。司法修習は教育を実務で行うものであり、いろいろな段階に区分されている。その内訳は、民事裁判所（五ヶ月）、検察庁（三ヶ月）、行政機関（三ヶ月）、弁護士事務所（大多数の司法修習生にとって実際にも重要であるため、これまでのところ、一〇ヶ月という最長期間が設けられている）、そして三ヶ月間修習先を自由に選べる期間（Wahlstation）、これらである。この自由選択期間は、希望する場合、外国（弁護士会、商工会議所の在外代表部、大使館、多国間組織）でも修めることができる。二年後には、第二次司法国家試験がある。ここでは、筆記試験八問（民事法から四問、公法から二問、刑事法から二問）と口頭報告を含む口述試験に合格しなければならない。

こんにち激しく論議されているのが、第二段階の教育の改革である。司法修習卒業生の八〇パーセント以上が弁護士になるという事実を根拠として、ドイツ弁護士会（Deutscher Anwaltverein）はいわゆる「教育の節約（Sparten-ausbildung）」を提案している。そこでは、当初から、弁護士活動を（それも主要な部分において）後回しにすることが考えられている。この考えによれば、均一法曹や完全法曹——ドイツの法律学が一世紀以上も前から特徴として示してきた、均一性の達成にこそ、ドイツの法学教育の意味があるという考え方——はもはや法学教育の目標とはなり得ない。この考えによれば、司法機関と行政機関がみずから、裁判官、検察官、行政部門の法律家をごく少数、それも実際の需要に応じて教育すればよい——こうした考えは、これまで行われてきた、希望する法律家全員に対して報酬を支払った上で全員を受け入れて司法修習を行うというやり方の問題点を踏まえてみると、少なくとも政策という視点からは魅力的であるが、国庫にとっての費用節減という配慮と結び付けられている。それでも、法律家の大部分は弁護士会自身により教育されなければならない。しかしながら、こうした考えが採用されるとしても、すぐに湧き上がってくるのが、どれだけの人数の弁護士が教育に当たる用意ができているのか（推測すれば、ごく少数ではないか）、司法修習生はどのようにして教育の場を確保できるのか（弁護士により選抜される優秀な者だけしかこの選考過程を生き延びることができないのではないか）、司法修習生が将来も報酬を得ることができるのかどうか（弁護士会はおそらくごく限定した範囲内でしか支払う用意ができていないのではないか）といった問題である。ドイツ弁護士会の提案では、これまでのところ、多くの点が明らかにされておらず、これらの提案は総じてまだ熟していない。また教育の節約というアイデアが弁護士の常設代表機関であるドイツ連邦共和国弁護士会（Bundesrechtsanwaltskammer（BRAK））——そこでは、すべての弁護士が強制加入会員とされている——によってではなく、ドイツ弁護士会（Deutscher Anwaltverein（DAV））——これはそこに参加している者——のみ——の利益団体である——によって示されてきたということも顧慮されなければならない。そのことから、この改革案は弁護士市場に「隔壁を設けること」に向けられているのではないかといった、批判者側の懸念が生まれる余地がある。というのは、弁護士会が十分な教育の場を用意することができず、少なくとも生活費を賄えるだけの報酬を確保することができなければ、法律家という職業は魅力を失い、この職業に関心を抱く者も、この職業に就くことを妨げられることとなろう――この点を指摘することは現在すでに活動している弁護士たちが得ている地位を将来的に保障することとなるはずである。

IX　弁護士職の専門化

このことを考えに入れなくても、弁護士という職業にとっては、弁護士職に関する法が変更されたことにより、すでにこんにちでさえまったく新しい挑戦の危機に晒されている。法律相談はもはや弁護士のみが携わる唯一の分野ではなくなっている。税理士、保険会社、そして銀行も、特に儲かる分野では、経済法に関わる相談を推進している。また、さらに多くの弁護士が――その数は年ごとにほぼ四・五パーセント上昇して、二〇〇六年には一三万八千人を超えており、統計的に見ると、住民六五〇人に一人の弁護士がいることになる――儲けることと専門化することがともに必要とされている。その結果、マーケティングという観点をも考慮して弁護士会により導入された専門化が、いわゆる専門弁護士という名前のもとにここ数年の間に急激に拡大している。弁護士が特定の法分野で一定数の実務案件を受任することができ、さらに数ヶ月掛けて教育を終え――この種の教育は部分的にミュンスター大学の法学修士号取得プログラムに含まれている――、毎年スキルアップのための授業科目を多く履修する義務を負っているときは、弁護士は、今では、全部で一八の専門弁護士という称号のうち、最大で二つの称号を取得することができる。ドイツ連邦共和国弁護士会により専門弁護士職として現在承認されているのは、行政法、租税法、労働法、社会保障法、家族法、刑法、倒産法、保険法、医事法、賃貸借・住居所有権法、交通法、建設・建築法、相続法、運送・配送法、商法・会社法、工業所有権、これらである。最近では、著作権法およびメディア法ならびに情報テクノロジー法（IT法）の導入が決定されている。

X　まとめ

ドイツにおける法曹教育の変更は、歴史上、おそらく最も広範囲にわたってなされたものである——そうした変更は、最近では、すでに学修の段階で専門化をもたらし、国家試験の一部を大学が代替するという制度を生み出している——が、これらの変更後も、法曹教育はホットな討議のテーマとなっている。政策的な理由から、法学学修の機会は依然として制限されていない。統計が示しているように、多くの受験生は——たとえ極端に悪い点数であっても——大学での学修と第一次司法国家試験を終え、司法修習に続けて第二次司法国家試験にも合格している。試験に合格することで、弁護士職を遂行する資格が与えられている。最低の資格しか持っていない弁護士が自営業者として露命をつなぐことができるかどうかは明らかではない。弁護士が社会福祉の対象者となることも稀ではなくなっている。自営業者という地位がある場合しか、失業統計の除外対象となっていない。

能力とも需要とも無関係に、大学卒業生を「生み出す」ことを経済的にも道徳的にもまったく正当化できないということ、それ自体ははっきりしている。それゆえ、立法者は、学修希望者の適性を適切に判定し、また――たとえば中間試験（中間試験という名称こそこの制度にふさわしい）を通じて――すでに大学での学修期間中に法律家として向いているか否かを判断することができるような手段を大学に対して提供している。弁護士市場が規律を必要としているという点にも争いはない。しかし、若い法律家の職業選択の可能性について弁護士の利益団体のみが判断を下していること――この点は提案されている、教育の節約というモデルの場合も同様である――、そして、受験生が長期間にわたって大学での教育に身をすり減らしてきており、他の職業や生活を選び取ることができないほど長期間の生活を続けてきていること、これらの点も決して見過ごすことはできないであろう。こうした問題があるにせよ、優秀な法律家にとっては、なんといってもこの職業の将来は魅力に溢れている。社会が経済的に発展すれば、高度の資格を有する修了者には、依然として、大きな需要がある――このことは、たくさんの公募があるということだけでなく、大学教授に対して弁護士会から定期的に質問が寄せられているということによっても十分に裏づけられている。

ヨーロッパ会社法・企業法の最近の展開

Aktuelle Entwicklungen des Europäischen Gesellschafts- und Unternehmensrechts

山内惟介 訳

目次

Ⅰ　はじめに
Ⅱ　ヨーロッパ会社法・企業法概観
　1　居住移転の自由
　2　会　社　法
　3　組織変更法、企業買収法およびコンツェルン法
　4　企業会計法
　5　公示および公開
　6　カルテル法
　7　租　税　法
　8　資本市場法
Ⅲ　居住移転の自由
Ⅳ　ヨーロッパの団体形式
Ⅴ　企業買収法
Ⅵ　展　望――二〇〇三年五月二一日のヨーロッパ会社法の現代化および
　コーポレート・ガヴァナンスの改善のためのヨーロッパ委員会アクションプラン
Ⅶ　ま　と　め

I　はじめに

ヨーロッパ連合加盟諸国における法の適用にあたって、ヨーロッパ共同体法が決定的な重要性を有しているという点については格別に強調するまでもないであろう。このことは、企業活動のための法的枠組を定めている会社法および企業法についてもそのままあてはまる。ヨーロッパで経済的な活動を行う団体（Gesellschaften）は、営業許可、居住移転、企業組織、商号使用、最小資本金具備、責任、公開、債権者保護・消費者保護、分割や合併、これらに関してどのように行動すべきであろうか。多くの加盟国で同時に経済活動を行う場合にどのような利害があるかは、すでにして会社設立の時点から顧慮することができるのであり、それゆえ、発起人にはヨーロッパで特別に認められた複数の会社形式が用意されている。企業を設立し、国境を越えて活動するにあたっては、企業に関わる租税法も重要である。というのは、租税法は企業所在地の選択や投資活動に対して総じて決定的影響を及ぼす可能性があるからである。もともとそうであったのに――ましてや設立準拠法説の価値が認められるようになってみると[1]――設立費用、設立資本金、租税負担、企業指揮システム、法人格否認による責任把握、さらには共同決定といったさまざまな観点のもとで、外国の法秩序を適切に選択することがますます重要になってきている。ここでの主題に対しては、これまでに、たくさんの規則および指令ならびにヨーロッパ裁判所の裁判例が共同体法上影響を及ぼしてきた。ヨーロッパ裁判所は、立法段階で行き詰まっていた展開に対して再三にわたり新たな刺激を加えてきているが、最近では、セントロス（Centros）事件、イィーバーゼーリンク（Überseering）事件およびインスパイアー・アート（Inspire Art）事件の裁判を通じて、国境を越える本拠移転に関して新しい刺激を与えてきた。[2]加盟諸国間での法の調整を進める推進力がますます高まっていることは、最近では、ヨーロッパ会社法の改正およびコーポレート・ガヴァナンスの改善のためのヨーロッパ委員会アクションプランにおいても示されている。[3]そうした高まりはさまざまな展開や動向が現在どうなっているかを詳しく考察するための契機となっている。

（1）これについては、後述Ⅲ参照。
（2）インスパイアー・アート事件について、またヨーロッパ会社法に関するドイツ連邦通常裁判所の判例について参照されるのは、*Henze*, DB 2003, 2159 の注（86）である。
（3）参照されるのは、後述Ⅵである。

Ⅱ　ヨーロッパ会社法・企業法概観

団体法（Gesellschaftsrecht）は私的な目的団体に関する法である。[4]会社法のほか、私的な目的団体の法的地位を直接に規律せず、それゆえ会社法に加えることはできないが、それでも会社にとって典型的に重要な法分野として、たとえば、企業会計法、コンツェルン法、組織変更法、カルテル法、（その他の）競争法や租税法がある。これらの法分野は企業法[5]という概念のもとにまとめることができる。ヨーロッパ会社法・企業法について述べようとするのは、関連する諸法規の基礎にヨーロッパ法があるからである。[6]ヨーロッパのレヴェルで最も重要な法的基盤はヨーロッパ共同体条約（いわゆる第一次法の一部[7]）である。これは、ヨーロッパ共同体とその機関についての一般規定のほか、会社法および企業法に属する諸規定をも含んでいる。ヨーロッパ会社法・企業法においてこれまで大した価値を持っていなかった規則[8]と対比してみると、指令による立法には大きな意味が与えられている（ヨーロッパ共同体条約第二四九条第三項[9]）。

1 居住移転の自由

ヨーロッパ共同体条約第四三条に規定された自由な居住移転を求める権利は、ヨーロッパ共同体条約第四八条第一項により、同条約第四八条第二項の意味における会社に対しても付与されている。この権利に対しては、会社法および企業法の分野で特別の意味が与えられている。ファン・ヘント・アンド・ロース（van Gend & Loos）事件の裁判が示す諸原則によれば、この場合、同条の直接適用可能性については以前から疑問の余地がない[10]。居住移転の自由は、ヨーロッパ裁判所により、ヨーロッパ会社法および企業法上、まったく異なった個別分野で、加盟国国内規定を適用できるか否かについての基準として援用されている[11]。各紛争事案について判断する際、最初に審理されなければならないのが、居住移転の自由という保護範囲[12]に関わるか否かである。その際、物的保護範囲と人的保護範囲とが区別されなければならない。物的な観点で解明されなければならないのは、当事者が侵害されていると不服を申し立てている活動が「自由な居住移転行為」（ヨーロッパ共同体条約第四三条第一項第一文）として現れているか否かである。自由な居住移転という概念はヨーロッパ共同体条約第四三条第二項および第四三条第一項第二文により詳しく定められている。このほかにも、ヨーロッパ裁判所は、しばしば[13]、ヨーロッパ共同体条約第四三条以下の規定の意味での居住移転概念には「いずれか他の加盟国で固定した施設を介して不特定の時期に行う経済活動の事実上の実施」も含まれるという決まり文句を用いて判断を下しているが、居住移転概念の法律上の具体化に対する関係は、ヨーロッパ共同体条約第四三条第二項と第一項第二文によっては解明されていない。それゆえ、ヨーロッパ裁判所は、ヨーロッパ共同体条約第四三条第一項第二文と第二項という規定は自由な居住移転概念を確定的に定めておらず、ヨーロッパ共同体条約第四三条第一項第一文で用いられている概念の一般的な定義について考える余地が残されていることを前提としているようにみえる。しかし、この規定の体系的位置、自由な居住移転を求める権利の範囲は「以下の諸規定により」判定されるとするヨーロッパ共同体条約第四三条第一項第一文の指示、これら二つを考慮すると、こうした理解にまったく問題がないとはいえない。自由な居住移転を求める権利は、ヨーロッパ共同体条約第四八条第一項の諸要件のもとで、同第四八条第二項に挙げられている会社にも認められている。[14] たいていの事案では、当該会社がヨーロッパ共同体条約第四八条第二項に挙げられている会社に属することの単なる確認で足りる。

居住移転の自由の保護範囲に関して第二に審理されなければならないのは、当該措置がヨーロッパ共同体条約第四三条により把握されている制限を示しているか否かである。その際、基本的自由一般についての司法の動きを熟知していれば、この問題についてのヨーロッパ裁判所の最近の裁判についても十分に理解することができよう。その際、特にはっきりさせなければならないのが、単純ないわゆる「差別禁止」[15] からいわゆる「制限禁止」へと基本的自由は次第に拡充強化されてきているという点である。基本的自由を差別禁止のみに限定すると、各加盟国に対して当該国の国民と同一の取扱いを求める権利はもはや基本的自由には含まれないことになる。加盟国の国民がいずれか他の加盟国の規定のうち、その者を当該加盟国国民よりも劣悪に取り扱ったりより劣悪な地位に置いたりするような規定（たとえば、ある活動を開始する上で特別の許可が要件とされている場合）の対象とされているようにみえる場合、この者は基本的自由に基づき、当該規定がみずからに適用されないよう求めることができる。差別禁止の前提には、何よりもまず、比較可能な二つの事実が不平等に取り扱われているという点がある。この不平等は国籍に起因するものでなければならない。そのためには、原則として、当該国内規定が取扱いを異にするための連結点として自然人の国籍や会社の法人住所（Sitz）を挙げていることが必要である。その場合には明白な差別が行われていることになる。差別には、このほか、隠された差別や間接的な差別もある。それは、当該国内規定が（明白に）国籍に連結してはいないが、それでも典型的に外国人の場合に見出される、その他の基準に連結している場合である。したがって、この場合にも最終的には国籍に起因する差別が存在することになる。これが隠された差別である。加盟国がすでに自国民を「劣悪に」取り扱っているときは、基本的自由――これは差別禁止と考えられる――はもはや助けにならない。というのは、権利者が要求できるのは、当該加盟国の国民とまったく同様に（劣悪に）取り扱われることだけであり、当該規定それ自体に問題があると主張することはできないからである。[16][17][18]

基本的自由には差別禁止以外に制限禁止も含まれるとみなすとき、基本的自由はこれとまったく異なって広い適用範囲を有する。この場合、基本的自由は、外国人を内国民よりも劣悪な地位に置く諸規定（差別規定）について適用されるだけでなく、あらゆる制限に対して適用される。この場合、基本的自由に基づいて、当該加盟国国民についてまったく同一のやり方で適用されている諸規定に、それゆえ、自国民と外国人との間でまったく区別を行っていない諸規定に対しても手を付けることができる。この場合、基本的自由は、原則的に、ドイツ基本法（憲法）上の基本権と同様に作用する。すなわち、負担や制限に関して基準を十分に確定することができる場合（介入可能な場合）、問題となるのは、当該制限が相当のものであるか否か、またこれと相反する利害関係を通じて正当化され得るか否かという点だけである（居住移転の自由について参照されるのはヨーロッパ共同体条約第四六条第一項である）。[19][20]

ヨーロッパ裁判所は、すでに物品取引および役務取引の自由の場合に、基本的自由を制限禁止という方向へ向けて発展させてきている。その基本を示したのがダッソンヴィル（Dassonville）事件の判決[21]である。この判決は、ヨーロッパ共同体条約第二八条第一項を「共同体内部の取引を直接または間接に、事実上または潜在的に妨げる余地がある、加盟諸国の各取引規定に適用した」ものであった（いわゆるダッソンヴィル基準）。この基準をそれ以上ルール化することはできない。確かに、ヨーロッパ裁判所はその後の二つの裁判でこの判例を修正してきた。すなわち、まずケック（Keck）事件における判決[22]で一定の制限をダッソンヴィル原則から除外し、そしてカシス・ドゥ・ディジョン（Cassis de Dijon）事件の裁判[23]では、自国民と外国人とを区別せず適用される、非差別的な規定を正当とする可能性が認められてきた。それにも拘わらず、注目されるのは、物品取引の自由がヨーロッパ裁判所の判例により大きな適用範囲を有しているという点である。これと対比できる発展は自由な役務（ヨーロッパ共同体条約第四九条以下）の場合にも書き留めることができる。ここでは、特にファン・ビンスベルヘン（van Binsbergen）判決[24]とゼーガー対デネマイヤー（Säger./Dennemeyer）判決[25]が挙げられなければならない。居住移転の自由を制限禁止としても捉えるべきか否かという点をヨーロッパ裁判所はこれまでのところ明確には判断してきていない。それでも、明らかにこうした方向性を示している諸判決を見出すことができる。その場合、特に目立っているのがクロップ（Klopp）裁判[26]である[27]。

条約上の基本的自由から制限禁止を引き出すことは、少なくとも居住移転の自由についてみると、疑わしいものとみなされなければならない[28]。というのは、ヨーロッパ共同体条約第四三条第一項では、「以下の諸規定によって」のみ自由な居住移転を求める権利が与えられるにとどまるからである。この規定に含まれるのは特にヨーロッパ共同体条約第四三条第二項である。同項は、その明白な文言によれば、同一取扱いを求める権利のみ、それゆえ、ヨーロッパ共同体から見た外国人であるとして当該加盟国所属民よりも劣悪に取り扱わないことを求める権利のみを与えているに過ぎない。この明白な表現によって、自由な居住を求める権利[29]は、そうした制限を含まない資本取引の自由（ヨーロッパ共同体条約第五六条「資本取引に対するあらゆる制限」）と区別されている。[30] ヨーロッパ全域に広がる法の調整は、ヨーロッパ共同体条約第四三条をもってしては、達成することができない。このことは全面的に一致した結論である。というのは、同条約はこの点についてヨーロッパ共同体条約第四七条第二項所定の権限上の根拠規定を用意しているからである。[31] ヨーロッパ裁判所は同条約上のこの基準を簡単に無視することはできない。それにも拘わらず、ヨーロッパ裁判所の判例は、その他の分野におけるのと同様に、法解釈上の可能性を無視してきた。予測できるのは、ヨーロッパ裁判所が近年では個々の基本的自由についての判例について完全に並行する状態を作り上げてきたということ、したがって、居住移転の自由もまた包括的な制限禁止として取り扱われているということである。

制限禁止というレヴェルでさらに審査されなければならないのは、加盟国民は自国に対しても居住移転の自由を援用することができるか否かという点である。[32] この問題に対する答えは、ヨーロッパ共同体条約第四三条第一項第一文の文言によれば、明らかに抜け落ちている。すなわち、そこで把握されているのは「ある加盟国国民のいずれか他の加盟国の主権領域上での自由な居住に対する制限」だけである。しかしながら、ヨーロッパ裁判所はこの点でも拡張を許容してきた。[33] それによれば、自由な居住を求める権利に対する制限が生じている場合、ドイツの基本権に関する解釈論と対比すれば、そうした制限に正当性を見出すことができるか否かが審査されなければならない。[34] こうした解釈論は、何よりもまずヨーロッパ共同体条約第四六条第一項から引き出すことができる。[35] けれども、この規定はきわめて狭く解釈されており、その上、ヨーロッパ裁判所はこの規定を適用することに慎重な姿勢を示してきた。それゆえ、何らかの制限を正当化するためにこの規定を援用することができるのはごく稀な事案に限られている。これと並行して、ヨーロッパ裁判所がカシス・ドゥ・ディジョン判決[36]——これは物品取引の自由に関する事件である——において発展させてきた制限の可能性[37]が居住移転の自由についても適用される。この裁判例によれば、自国民と外国人とを区別せず適用されている制限は、「公益という強行的必要性」がそうした制限を必要とするときもまた、正当とされている。これに対して、差別的な制限についてはこの裁判例は効力を持たない(38)。ヨーロッパ裁判所がまったく異なった分野および状況において作り上げてきた、いわゆる濫用に当たるか否かに関する判例(39)もまた、そうした制限を正当化する根拠として用いられている(40)。

2 会社法

ヨーロッパ企業法を構成する個別分野のうち、最も重要なものは会社法である。これまでは、ヨーロッパ経済団体規則（EWIV-VO）(41)に規定されたヨーロッパ経済利益団体が唯一かつ固有のヨーロッパ法上の会社形式であった。このヨーロッパ経済利益団体はフランスの経済利益団体（Groupement d'Intérêt Economique）をモデルとして作られたものであって、その目的は、中小企業に対しても大きな出費を伴うことなく域内市場全域で活動を行えるようにすることにある。しかしながら、その利用可能性が極端に制限されているところから、それでも、ヨーロッパ経済利益団体に対して実際的な意味はあまり与えられていない(42)。主な適用分野は、自由業活動のほか、特に共同研究チーム、労働組合、販売・宣伝会社である。それゆえ、労働者の共同決定に関する問題だけでなく、当初意図された、コンツェルン法を含めるかどうかの問題をめぐって三〇年以上も粘り強く続けられた闘争のあと、最終的にヨーロッパ株式会社定款に関して一致が得られたということがますます重要になってきている(43)。その結果、これと同様に規定されたのがヨーロッパ協同組合という団体形式である。このヨーロッパ協同組合は、従来は、有限責任と真正の新規設立可能性（“ex-novo”-Gründung）とを伴う唯一のヨーロッパの団体形式であった(44)。思い出すことができる、その他の団体形式には、ヨーロッパ社団の定款に関するヨーロッパ共同体理事会指令の変更提案の形式におけるもの(45)とヨーロッパ相互会社の定款に関するヨーロッパ共同体理事会指令の変更提案の形式におけるもの(46)とがある。

真正のヨーロッパ会社形式の存在意義がこれまでのところではまださほど高くないところから、指令の重要性が高いことが明らかになる。指令は、現行法と単純な提案や草案との間に位置するものとして、これら両者とは区別されなければならない。会社法に分類されなければならないのは特に資本指令(47)である。それは、株式会社の資本調達・維持に関する諸規定がこの指令に含まれているからである。株式会社、株式合資会社（株式会社と合資会社（人的責任を有する取締役）の各要素を示す会社形式（Kommanditgesellschaft auf Aktien）および有限責任会社の対外関係を規律する最も重要な会社法規定は開示指令(48)の第二章および第三章に含まれている。株式会社の内部組織についての比較的詳しい諸基準を含んでいるのは構造指令提案(49)であるが、しかしながら、この提案は政治的にみるともはや期待できるものではなく、「死んだ」ものとみなされている。一人有限責任会社指令(50)第一条ないし第二条、第四条以下の諸規定も会社法的性質を有する。最後に指摘されなければならないのは、第一四次指令提案、つまり、本拠移転指令(51)である。

3　組織変更法、企業買収法およびコンツェルン法

組織変更法、企業買収法およびコンツェルン法も会社法と密接に関連する。組織変更法上の諸規定は、ヨーロッパ・レヴェルでは、合併指令(52)および分割指令(53)の中に見出される。これに関して、最近、重要性を持つようになったのは、特に国境を越える合併に関する指令についての合意(54)である。企業買収指令の内容もすでに数十年も前から激しく論議されてきた(55)。一九九七年一一月一一日の指令提案(56)が二〇〇一年七月四日にヨーロッパ議会の第三読会および

最終読会によって拒否されたあと、二〇〇三年に年が改まって初めて、突破口が開かれる余地が生まれた[57]。けれども、やはり数年前から「死んだ」ものとみなされているコンツェルン指令草案はもはやそれ以上追求されていない[58]。どのようにして一人有限責任会社指令[59]からコンツェルン法的な内容を取り出すことができるかはドイツの学術文献でも激しく争われている[60]。

4　企業会計法

諸国の立法に関して特に詳しい基準を含むのがヨーロッパ企業会計法である。ヨーロッパ企業会計法は、企業会計指令[61]——この指令は、年度末決算書指令とも呼ばれるもので、特に中規模会社指令[62]および有限責任合資会社指令（人的有限責任を負う社員が有限責任を負う合資会社、GmbH & Co. KG）[63]を通じて修正されている——、コンツェルン決算書指令[64]および決算書監査人指令[65]、これら三つから構成されている。しかし、近年の企業会計スキャンダル（たとえばパルマラット（Parmalat）事件）を考えれば、企業会計指令および決算書監査人指令には、最近決議された指令に基づく変更が必要となっている[66]。さらに、二〇〇五年以降すでに、加盟諸国は、国際会計基準適用規則（IFRS-VO）[67]第五条に従って、資本市場を志向する会社に対して融資報告に関する国際基準（International Financial Reporting Standards）の適用を認めるかまたはあらかじめ規定するかを選択しなければならない。中小規模の資本会社の年度末決算書の採用および公開に際して要件を緩和することを定めているのは中規模会社指令である[68]。有限責任合資会社指令[69]の対象は、最終的に、有限責任合資会社を企業会計指令の中に取り入れることである。さらに指摘されなければならないのが、ヨーロッパ連合内における決算書監査の質保証システムに関する最低条件に関する二〇〇〇年一一月一五日の委員会勧告（2001/256/EG）[70]、企業の年度末決算書および現況報告書（証明、評価および公開）において環境という視点を顧慮するための二〇〇一年五月三〇日の委員会勧告（2001/453/EG）[71]、そして、ヨーロッパ連合内における決算書監査人の独立性に関する二〇〇二年五月一六日の委員会勧告（基本原則）（2002/590/EG）——基本的諸原則[72]、これらである。

5　公示および公開

企業法を構成する分野のうち、企業会計法とむろん密接に関連する分野のひとつとしてさらに考えることができるのは、公示および公開に関する諸規定である。これらは、公示指令[73]第一章、（いずれか他の加盟国における資本会社の）従たる営業所の公開に関する指令[74]および企業会計指令第一〇章[75]に含まれている。さらに言及されるのは、特定の法形式の会社の公開義務に関してヨーロッパ経済共同体指令（68/151/EWG）を変更するためのヨーロッパ議会および理事会の指令についての提案[76]である。

6　カルテル法

ヨーロッパカルテル法は、ヨーロッパ企業法の内部で、この間に輪郭が明確に描かれることとなった独自の法素材である。その法的根拠を含むのはヨーロッパ共同体条約第八一条以下の諸規定と、企業合同規制規則やグループ規制適用除外規則のような種々の規則である。企業合同の改革に関する了解は二〇〇三年一一月に行われ、その後、ヨーロッパカルテル手続規則[77]をもって置き換えられた。これまでヨーロッパの見本による市場支配基準が審査基準として適用されていた。将来的には、共同体市場における競争阻害基準が尺度となるが、アメリカにおいてその契機を提供したのは「競争の実質的減少（Substantial Lessening of Competition）」である。

7 租税法

ヨーロッパ租税法では、当初、間接税しか重要性を持っていなかった。というのは、ヨーロッパ共同体条約第九三条がこの分野についてしか明示的な授権根拠を用意していなかったからである。この分野ではすでに早くから多数の指令が公布されていた。その後これまでの間に、共同体内における直接税に関する法の統一のための多数の指令が、特に売上税と消費税の分野で、出されている(78)。これに対して、直接税は、ヨーロッパ共同体条約第九四条に由来する一般的な法調整権限に基づいてのみ共同体の規定に取り入れることができるに過ぎない。この授権根拠は全員一致を前提とするので、この重要な分野での発展はむしろ遅々とした歩みにとどまっている。一九九〇年になって初めて、企業合同課税指令(79)と親子会社指令（コンツェルン課税指令(80)）が公布された。

8 資本市場法

資本市場法はいわゆる「横断的性質を有する法」である。資本市場法に含まれるのは証券取引所内および証券取引所外の資本市場における諸事象に関わる規範の総体であり、たとえば、銀行法、証券取引所法、投資法がこれに当たる。その法源は多数の規則である。ここで挙げられるのは、特にインサイダー指令(81)、有価証券役務指令(82)および最近決議された透明性確保指令(83)である。

以上のように、結局のところ、企業法はきわめて入り組んだヨーロッパの諸規定によって特徴づけられている。当初はどちらかといえば何もないに等しかった諸規定が目の詰んだ網へと発展する度合いはますます強くなっている。そして、この網には多様な分野が含まれているが、これまでのところでは、たとえば消費者保護の場合のような範囲でしか法の調整は前進していない。それにも拘わらず、進捗状況はごく最近では著しく活発になっている。

（4） *Wiedemann*, Gesellschaftsrecht, Band 1, 1980, S. 3をみるのみで足りる。

（5） この概念の一般的な定義を大胆にも行っているものとして、*Ballerstedt*, ZHR 135 (1971), 484. *Karsten Schmidt*, Gesellschaftsrecht, 4. Aufl. 2002, § 1 II. 4. b, とともに、確認しなければならないのが、この概念がこんにちまで明確に描かれていないという点である（*Deckert*, EWS 1996, 265 in Fn. 2をもみよ）。また、*Lutter*, Europäisches Unternehmensrecht, 4. Aufl. 1996, S. 4における編成の仕方も参照。資本市場法との違いについては、*Habersack*, Europäisches Gesellschaftsrecht 1999, Rn. 4および*Schmidt* (a. a. O.), § 1 II. 3.

（6） これについては、ヨーロッパ共同体条約第二九三条に基づいて締結された諸協定も挙げることができる：これについては、たとえば、*Kilian*, Europäisches Wirtschaftsrecht 1996, Rn. 477.

（7） 概念及びその他の構成部分については、*Bleckmann*, Europarecht, 6. Aufl. 1997, Rn. 526.

（8） 規則および指令は第二次法の一部である。これについて参照されるのは、たとえば*Bleckmann*（前注（7））、Rn. 527 ff. である。

（9） ヨーロッパ企業買収法の分野における多数の指令に関する包括的な概観を提供する一連の論文として、*Wiesner*, EuZW 1992, 270; 1993, 500; 1994, 588; 1995, 821; 1998, 619 und *ders.*, BB 2001, Beilage 8 zu Heft 44. ヨーロッパ会社法・企業法に関するヨーロッパ裁判所の重要な裁判を収録し、論評しているものとして、*Saenger* (Hrsg.), Casebook Europäisches Gesellschafts- und Unternehmensrecht, 2002.

（10） これについては、*Behrens*, IPRax 1999, 323, Fn. 10 und Fn. 13 のもとで行われている証明をみよ。ヨーロッパ裁判所は、このほか、このことをそのレイナース（Reyners）裁判（Slg. 1974, 631, 1. Leitsatz）において、その文言が当該規定の直接的効力に明確に反対していたにも拘わらず、アムステルダム条約以前に通用していた旧形式のヨーロッパ共同体条約第四三条を支持しつつ、論評した。

（11） それは、特に、国内の租税規定を基礎づける根拠規範として用いられている。このほか、参照されるのは、*Klinke*, ZGR 1995, 373, 391 f. である。

（12） 基本法の解釈に由来するこうした用語法は、そのまま、基本的自由へと移し変えることができる。

（13） たとえば、ファクターターム第二（*Factortame II*）裁判、*EuGH*, Slg. 1991, I-3905, Rn. 20.

（14） これら二つの規定について詳しくは、*Schwarz*, Europäisches Gesellschaftsrecht, 2000, Rn. 147 ff.

（15） 「内国民待遇」について述べる場合、これと異なることは考えられていない（たとえば、*La Pergola*, Slg. 1999, I-1459, 1468 の法務官の考え；*Pieper/Schollmeier/Krimphove*, Europarecht – Das Casebook, 2. Aufl. 2000, S. 221）。

（16） 当該事実が比較可能であるか否かの基準は、特に租税法上の裁判の場合、重要である。たとえば、Rn. 45 der *St. Gobain*-Entscheidung, *EuGH*, Slg. 1999, I-6161 をみよ。

（17） 自然人の国籍に匹敵するのは法人その他の団体の法人住所（Sitz）である（ヨーロッパ共同体条約第四八条第一項参照）。確定の判例について参照されるのは *EuGH*, Slg. 1986, 273 のみで足りる。

（18） その例を提供しているのはファクターターム第二（*Factortame II*）裁判（前注（13））である。

（19） これについて詳しくは、*Lecheler*, Einführung in das Europarecht, 2000, S. 264 ff.；*Roth*, in：Dauses, Handbuch des EU-Wirtschaftsrechts, 1998, E. I. Rn. 61 ff.；*Streinz*, Europarecht, 5. Aufl. 2001, Rn. 669 ff.

（20） 適切なものとして、*Blumenwitz*, NJW 1989, 621, 622.

（21） *EuGH*, Slg. 1974, 837.

（22） *EuGH*, Slg. 1993, I-6097.

（23） *EuGH*, Slg. 1979, 649.

（24） *EuGH*, Slg. 1979, 1299.

（25） *EuGH*, Slg. 1991, I-4221.

（26） *EuGH*, Slg. 1984, 2971.

（27） *Blumenwitz*, NJW 1989, 621, 623；*Pieper/Schollmeier/Krimphove*（前注（15））S. 221；*Schwarz*（前注（14））、Rn. 137 ff.；*Wägenbaur*, EuZW 1991, 427, 431.

(28) 決定的な論拠の見事な構成を提示しているのは *Blumenwitz*, NJW 1989, 621, 622 f. である。
(29) このほか、ヨーロッパ共同体条約第三九条第二項および第五〇条第三項をみよ。
(30) *Streinz*（前注(19)）、Rn. 667.
(31) *Blumenwitz*, NJW 1989, 621, 622; *Wägenbaur*, EuZW 1991, 427, 430.
(32) この問題は、居住移転の自由に制限禁止も含まれるか否かという論点とは区別されなければならない（適切なものとして *Behrens*, IPRax 1989, 354, 360）。これらの問題は、もちろん、居住移転の自由を差別禁止としてのみ考える場合において、自国に対してヨーロッパ共同体条約第四三条を適用することが当初から排除されているときに限り、互いに関連することとなる。
(33) 参照されるのはただ、*Behrens*, IPRax 1989, 354, 360; *Blumenwitz*, NJW 1989, 623, 624 f.; *Klinke*, ZGR 1994, 153, 158 ff. のみである。
(34) これについて具体的に述べているものとして、*ICI*-Verfahren, Slg. 1998, I-4698, Rn. 20 における *Tesauro* 法務官の考えがある。
(35) ヨーロッパ共同体条約第四六条第二項につき詳論したものとして、たとえば、*Roth*, in: Dauses（前注(19)）、E. I. Rn. 72 ff.
(36) 前注(23)。
(37) *EuGH*, Slg. 1977, 765 (*Thieffry*), Rn. 18. これについては、*Lecheler*（前注(19)）、S. 268 および 244 ff.
(38) *EuGH*, Slg. 1988, 2085 (*Bond van Adverteerders*), Rn. 32.
(39) 企業法の領域では、*Centros*（後注(84)）、Rn. 24; *Diamantis*, *EuGH*, Slg. 2000, I-1705, Rn. 33-34.
(40) これに対して、ここでのそれは、狭義の一般的権利濫用禁止の意味での権利行使の制限ではない。これについて詳しいのはディアマンティス（*Diamantis*）裁判（前注(39)）である。
(41) ヨーロッパ経済利益団体創設に関する一九八五年七月二五日の理事会規則（Verordnung Nr. 2137/85 des Rates vom 25. 7. 1985 über die Schaffung einer Europäischen wirtschaftlichen Interessenvereinigung (EWIV), ABl. 1985, Nr. L 199, S. 1）。
(42) *Von Bernstorff*, EWS 1998, 397, 400 f.
(43) ヨーロッパ会社の定款に関する二〇〇一年一〇月八日の理事会規則（Verordnung Nr. 2157/2001 des Rates vom 8. Oktober 2001 über das Statut der Europäischen Gesellschaft (SE), ABl. 2001, Nr. L 294, S. 1 ff.）および労働者参加に関するヨーロッパ

会社の定款の補充に関する理事会指令（Richtlinie 2001/86/EG des Rates vom 8. Oktober 2001 zur Ergänzung des Statuts der Europäischen Gesellschaft hinsichtlich der Beteiligung der Arbeitnehmer, ABl. 2001, Nr. L 294, S. 22 ff.）。これについては、*Hommelhoff*, Einige Bemerkungen zur Organisationsverfassung der Europäischen Aktiengesellschaft, AG 2001, 279 ; *Jahn/Herfs-Röttgen*, Die Europäische AG – Societas Europaea, DB 2001, 631 ; *Kellerhals/Trüten*, Neues zur Europäischen Aktiengesellschaft, SJZ 97 (2001), 337 ; *Pluskat*, Die neuen Vorschläge für die Europäische Aktiengesellschaft, EuZW 2001, 524 ; *Wiesner*, Der Nizza-Kompromiss zur Europa-AG – Triumph oder Fehlschlag, ZIP 2001, 397.　このほかにも参照されるものとして、*Schwarz*（前注(14)）Rn. 1085 ff.

（44）　ヨーロッパ共同団体（European Cooperative Society）に含まれるべき協同組合（Genossenschaften）、それゆえ人的団体の行動原理は、その他の経済人（Wirtschaftspersonen）の行動原理と区別される。ヨーロッパ協同組合の定款に関する二〇〇三年七月二二日の理事会規則（Verordnung (EG) Nr. 1435/2003 des Rates vom 22. Juli 2003 über das Statut der Europäischen Genossenschaft (SCE), ABl. 2003 Nr. L 207, S. 1）および労働者の参加に関するヨーロッパ協同組合の定款の補充のための二〇〇三年七月二二日の理事会指令（Richtlinie 2003/72/EG des Rates vom 22. Juli 2003 zur Ergänzung des Statuts der Europäischen Genossenschaft hinsichtlich der Beteiligung der Arbeitnehmer, ABl. 2003 Nr. L 207, S. 25）。詳しくは、*Schulze*, Europäische Genossenschaft (SCE), 2004 ; *ders.*, NZG 2004, 792.

（45）　ABl. 1993, Nr. C 236, S. 1.　ヨーロッパ団体（European Association）に含まれている社団および財団の活動は、教育、文化、社会活動および途上国援助の分野で行われている。典型的には、そこで重要な目的は公共性である。

（46）　ABl. 1993, Nr. C 236, S. 40.　神の摂理に基づくヨーロッパ互助団体（European Provident Mutual Society）創設のための特別の動機は、特に、生活必需物資援助活動および保険のための活動を相互に容易に国境を越えて行うことができるようにする必要があるという点であった。

（47）　Zweite Richtlinie 77/91/EWG des Rates vom 13. Dezember 1976 zur Koordinierung der Schutzbestimmungen, die in den Mitgliedstaaten den Gesellschaften im Sinne des Artikels 58 Absatz 2 des Vertrages im Interesse der Gesellschafter sowie Dritter für die Gründung der Aktiengesellschaft sowie für die Erhaltung und Änderung ihres Kapitals vorgeschrieben sind, um diese Bestimmungen gleichwertig zu gestalten, ABl. 1977, Nr. L 26, S. 1, これを変更したものとして、Richtlinie 92/101EWG v. 23.11.1992, ABl. 1992, Nr. L 47, S. 64.

（48）　Erste Richtlinie 68/151/EWG des Rates vom 9. März 1968 zur Koordinierung der Schutzbestimmungen, die in den

Mitgliedstaaten den Gesellschaften im Sinne des Artikels 58 Absatz 2 des Vertrages im Interesse der Gesellschafter sowie Dritter vorgeschrieben sind, um diese Bestimmungen gleichwertig zu gestalten, ABl. 1968, Nr. L 65, S. 8.

(49) Vorschlag für eine Richtlinie des Rates vom 20. 11. 1991 über die Struktur der Aktiengesellschaft sowie die Befugnisse und Verpflichtungen ihrer Organe, ABl. 1991, Nr. C 321, S. 9 (これは、後に、会社法の領域での第五指令となった). 構造指令について詳しいものとして、*Schwarz*（前注(14)）、Rn. 705 ff. この Rn. 705 の前にはたくさんのその他の証明が付されている。

(50) Richtlinie 89/667/EWG des Rates vom 21. 12. 1989 betreffend Gesellschaften mit beschränkter Haftung mit einem einzigen Gesellschafter, ABl. 1989, Nr. L 395, S. 40. これについては、*Eckert*, Die Harmonisierung des Rechts der Einpersonen-GmbH, EuZW 1990, 54 ; *Lutter*, Mißglückte Rechtsangleichung : das Chaos der Ein-Personen-Gesellschaft in Europa, in : Pfeiffer (Hrsg.), FS für Hans-Erich Brandner, Köln 1996, 81 ; *Schimmelpfennig/Hauschka*, Die Zulassung der Ein-Personen-GmbH in Europa und die Änderungen des deutschen GmbH-Rechts, NJW 1992, 942.

(51) 参照されるのは、時代遅れになった Vorentwurf einer 14. Richtlinie über die Verlegung des Sitzes einer Gesellschaft in einen anderen Mitgliedsstaat mit Wechsel des fur die Gesellschaft maßgeblichen Rechts vom 20.4.1997, der durch Konsultationen im 2004 überarbeitet werden sollte である；これらの協議の結果は、しかしながら、これまでのところ、知られていない。

(52) Richtlinie 78/855/EWG des Rates vom 9. 10. 1978 betreffend die Verschmelzung von Aktiengesellschaften, ABl. 1978, Nr. L 295, S. 36.（会社法の領域での第三指令、企業合同指令とも呼ばれる。）

(53) Richtlinie 82/891/EWG des Rates vom 17. 12. 1982 betreffend die Spaltung von Aktiengesellschaften, ABl. 1982, Nr. L 378, S. 47.（会社法の領域での第六指令。）

(54) Richtlinie 2005/56/EG des Europäischen Parlaments und des Rates vom 26. Oktober 2005 über die Verschmelzung von Kapitalgesellschaften aus verschiedenen Mitgliedstaaten, ABl. 2005, Nr. L 310, S. 1.（会社法の領域での第一〇指令。）

(55) これについてはたとえば、*Munscheck*, Der Vorschlag zur EG-Übernahmerichtlinie, RIW 1995, 388 ; *Schuster*, Der neue Vorschlag für eine EG-Takeover-Richtlinie und seine Auswirkungen auf den Übernahmekodex, EuZW 1997, 237 ; *Weber*, Der geänderte Vorschlag der Kommission für eine Takeover-Richtlinie vom 10. 11. 1997, EuZW 1998, 464 ; *Witt*, Der neue Vorschlag für eine EG-Richtlinie über Übernahmeangebote, EWS 1998, 318.

(56) Vorschlag für eine Richtlinie des Europäischen Parlaments und des Rates über Übernahmeangebote, ABl. 1997, Nr. C 378, S.

10.

(57) これについては、後述V参照。

(58) *Hopt*, EuZW 1999, 577.

(59) 前注(50)。

(60) これについては、*Drygala*, Konzernhaftung und Einmann-Richtlinie, ZIP 1992, 1528 ; *Hirte*, Die Zwölfte EG-Richtlinie als Baustein eines Europäischen Konzernrechts?, ZIP 1992, 1122 ; *Kindler*, Gemeinschaftsrechtliche Grenzen der Konzernhaftung in der Einmann-GmbH, ZHR 157 (1993), 1 ; *Meilicke*, Unvereinbarkeit der Video-Rechtsprechung mit EG-Recht, DB 1992, 1867 ; *Neye*, Die Video-Rechtsprechung und das EG-Recht, DWiR 1992, 452 ; *Roth*, "Video"-Nachlese und das (immer noch) vergessene Gemeinschaftsrecht, ZIP 1992, 1054 ; *Schüuppen*, Haftung im qualifiziert faktischen GmbH-Konzern und 12. EG-Richtlinie, DB 1993, 969 ; *Schwarz*, GmbH-Konzernrecht und Europäisches Gemeinschaftsrecht, IStR 1993, 23 ; *Wilhelm*, Haftung im qualifiziert-faktischen Konzern und Europarecht, EuZW 1993, 729.

(61) Richtlinie 78/660/EWG des Rates vom 25. 7. 1978 über den Jahresabschluß von Gesellschaften bestimmter Rechtsformen, ABl. 1978, Nr. L 222, S. 11（会社法の領域での第四指令。）

(62) Richtlinie 90/604/EWG des Rates vom 8. 11. 1990 zur Änderung der Richtlinie 78/660/EWG über den Jahresabschluß und der Richtlinie 83/349/EWG über den konsolidierten Abschluß hinsichtlich der Ausnahme für kleine und mittlere Gesellschaften sowie der Offenlegung von Abschlüssen in ECU, ABl. 1990, Nr. L 317, S. 57.

(63) Richtlinie 90/605/EWG des Rates vom 8. 11. 1990 zur Änderung der Richtlinien 78/660/EWG und 83/349/EWG über den Jahresabschluß bzw. den konsolidierten Abschluß hinsichtlich ihres Anwendungsbereichs, ABl. 1990, Nr. L 317, S. 60.

(64) Richtlinie 83/349/EWG des Rates vom 13. 6. 1983 über den konsolidierten Abschluß, ABl. 1983, Nr. L 193, S. 1.（会社法の領域での第七の指令。）

(65) Richtlinie 84/253/EWG des Rates vom 10. 4. 1984 über die Zulassung der mit der Pflichtprüfung der Rechnungslegungsunterlagen beauftragten Person, ABl. 1985, Nr. L 126, S. 20（会社法の領域での第八指令。）

(66) Richtlinie 2006/43/EG des Europäischen Parlaments und des Rates vom 17. Mai 2006 über Abschlußprüfungen von Jahresabschlüssen und konsolidierten Abschlüssen, zur Änderung der Richtlinien 78/660/EWG und 83/349/EWG des Rates und zur Aufhebung der Richtlinie 84/253/EWG des Rates, ABl. 2006, Nr. L 157, S. 87.

（67） IFRS-Verordnung (EG) Nr. 1606/2002 des Europäischen Parlaments und des Rates vom 19. Juli 2002 betreffend die Anwendung internationaler Rechnungslegungsstandards, ABl. 2002, Nr. L 243, S. 1.

（68） Richtlinie 90/604/EWG vom 16. 11. 1989, ABl. 1990, Nr. L 317, S. 57.

（69） Richtlinie 90/605/EWG vom 16. 11. 1989, ABl. 1990, Nr. L 317, S. 60.

（70） ABl. 2001, Nr. L 91, S. 91.

（71） ABl. 2001, Nr. L 156, S. 33.

（72） ABl. 2002, Nr. L 191, S. 22.

（73） 前注（48）をみよ。

（74） Richtlinie 89/666/EWG des Rates vom 21. 12. 1989 über die Offenlegung von Zweigniederlassung, die in einem Mitgliedstaat von Gesellschaften bestimmter Rechtsformen errichtet wurden, die dem Recht eines anderen Mitgliedstaats unterliegen, ABl. 1989, Nr. L 395, S. 36.（会社法の領域での第一一指令。）

（75） 前注（48）をみよ。

（76） KOM (2002) 279 endg., ABl. 2002, Nr. C 227, S. 377.

（77） ABl. 2003, Nr. L 1, S. 1.

（78） 詳細なものとして、*Birkenfeld*, StuW 1998, 55, 57 f.　これにはその余の証明が付されている。

（79） Richtlinie 90/434/EWG des Rates vom 23. 7. 1990 über das gemeinsame Steuersystem für Fusionen, Spaltungen, die Einbringung von Unternehmensteilen und den Austausch von Anteilen, die Gesellschaften verschiedener Mitgliedstaaten betreffen, ABl. 1990, Nr. L 225, S. 1.　これについては参照されるものとして、概括的なものであるが、*Knobbe-Keuk*, EuZW 1992, 336, 341 ff. のみを挙げるにとどめる。

（80） Richtlinie 90/435/EWG des Rates vom 23. 7. 1990 über das gemeinsame Steuersystem der Mutter- und Tochtergesellschaften verschiedener Mitgliedstaaten, ABl. 1990, Nr. L 225, S. 56.　これについて詳論しているものとしてたとえば、*Knobbe-Keuk*, EuZW 1992, 336, 337 ff.

（81） Richtlinie 89/592/EWG vom 13. Dezember 1989, ABl. 1989, Nr. L 334, S. 30.

（82） Richtlinie 93/22/EWG vom 10. Mai 1993, ABl. 1993, Nr. L 141, S. 27.

（83） Richtlinie 2004/109/EG des Europäischen Parlaments und des Rates vom 15. Dezember 2004 zur Harmonisierung der

Transparenzanforderungen in Bezug auf Informationen über Emittenten, deren Wertpapiere zum Handel auf einem geregelten Markt zugelassen sind, und zur Änderung der Richtlinie 2001/34/EG, ABl. 2004, Nr. L 390, S. 38.

Ⅲ　居住移転の自由

居住移転の自由がヨーロッパの基本的自由として重要であるという点についてはすでに触れたとおりである[84]。この問題が重要性を持つのは特に本拠移転の場合と会社の国境を越えて合併が行われる場合である。抵触法的な背景を成すのは会社準拠法の決定に関する争いであり、それゆえ、設立準拠法説と本拠地法説との論争である。重要な問題は、会社がいずれかある加盟国に所在するその本拠を、他の加盟国で事業活動を行っていながら、形式的に維持することができるか否かであり、また会社準拠法を重層化（累積的に適用）することによって内国取引関係者の保護が可能となるか否かである。その際、設立準拠法説に賛成する視点は、法の明確性と安定性である。これに対して、本拠地法説が考慮しているのは国内的な保護利益である。この保護利益は、労働者の視点からみると、企業の共同決定であり、債権者の視点からみると、資本維持・資本調達の原則と取締役の責任可能性である。ディリー・メイル（Daily Mail）事件の裁判[85]は本拠地法説の優位を示したものとしてはまだ疑問の余地を残していた――というのは、この裁判が本拠地法説への接近（Zuzug）に関するものではなくて、むしろ本拠地法説からの事実上の脱皮（Wegzug）に関するという点に疑問の余地があったからである――が、セントロス事件の裁判[86]は設立準拠法説への転換を明らかにした。このことは、イィーバーゼーリンク事件の裁判[87]とインスパィアー・アート事件の裁判[88]とによって強化されてきた。

外国会社がドイツに移住してくる事案（Zuzugsfälle）で設立準拠法説の採用を認めることは、それゆえ、ヨーロッパ共同体内で設立された他の加盟国の会社のドイツへの移住可能性に対するドイツ側の制限を排除することになる。このことは、加盟諸国がすでに準備を行っている、ヨーロッパでの（会社）法体系相互間での競争をもたらしている。これに関連して挙げられるのは、余りにも放置されすぎている、イギリスの有限責任会社（limited）設立費用の低さである。それは、その金額がわずか一〇〇ユーロでしかないからである。そこでは債権者保護や株主保護のために設けられた条件は最小限のものでしかない。フランスのブリッツ・サール（Blitz-SARL）社の場合、その設立を「電光石火」に行うことができただけでなく、会社の最少資本金額も自由に決定することができた。それゆえ、見かけだけの擬似外国会社（Scheinauslandsgesellschaften）の登場が予測されていなければならない。したがって、将来においては、資本会社の責任に関する特典の濫用を規制するさまざまな試み——一方ではドイツの制度によって、設立に対する規制ならびに資本調達・資本維持のための厳格な諸原則が適用され、他方ではイギリスのモデルに従って、取締役への義務づけ、広範な開示規定、そして厳格な倒産法が適用されることであろう——が決定的に強化されるとともに、設立国において後から設けられた厳格な責任に関する諸規定——たとえば倒産法上の諸規定——をどの程度まで設立規制という制度によって決定される本拠地国に「輸出する」ことができるのかという問題も提起されることとなろう。

このほか、まだ全面的に解明されていないのが、ディリー・メイル裁判と調和をとりながら、それゆえ、管理機関の本拠の移転が権利能力の剥奪をもたらす場合に、設立国の「壁塗りによる閉じ込め」と調和をとりながら、ドイツから外国への移住に対する諸制限（Wegzugsbeschränkungen）を許容することができるかどうかという問題である。債権者、小規模会社、従属会社、そして国庫およびその課税権能、これらを保護するという理由によって内国法規を例外的に適用する可能性とその限界についても熟慮しなければならない。

特に重要なのは、ヨーロッパの基本的自由としての居住移転の自由を、国境を越えた会社合併の枠内でも、主張できるかどうかという点である。このことを裏づけているのがヨーロッパ裁判所のセヴィッチ（Sevic）事件の裁判[89]である。この裁判はドイツへの「移入型合併」の事案に関するものであり、それゆえ、ドイツの権利主体が、それと合併した外国の権利主体の承継人となっているという意味で、「外国会社がドイツに移住してくる事案（Zuzugsfall）」に関する。「公益という強行的な事由」による――それゆえ、たとえば、債権者、小規模会社および労働者の保護のための――居住移転の自由に対する一般的な諸制限は、その場合、ヨーロッパ裁判所により適法とみなされている。けれども、これらの制限は相対的なものでなければならない。すなわち、そうした制限は追求されている目標の達成に適したものでなければならないし、必要な限度を越えてはならない。特に法務官による最終提案からは、「移出型合併（Herausverschmelzung）」の事案――それゆえ、ドイツから外国への移住の事案（Wegzugsfälle）――でも居住移転の自由の原則的適用を取り出すことができた[90]。もちろん、ヨーロッパ裁判所のこの点に関する明確化が期待されている。これまでに示されているところでは、討論の終止符は打たれておらず、ヨーロッパ会社法上のこの本質的な問題について解決策が見出されなければならない。法の調整のために行動する必要性が一層広くかつ一層緊急事であるということがここから明らかになる。このために役に立つのが、二〇〇五年に決議された第一〇次会社法指令である。たとえ、ヨーロッパ裁判所が強調するように、基本的自由の効力が第二次法の公布に依存し得ないとしても、この指令の国内法への置き換えが――セヴィッチ事件の裁判によってのみならず――緊急に進められなければならない。

（84）　参照されるのは、前述Ⅱ1である。
（85）　*EuGH*, Urt. v. 27. 9. 1988 – Rs. 81/87, Slg. 1988, 5483.

（86） *EuGH*, Urt. v. 9. 3. 1999 – Rs. C-212/97, Slg. 1999, I-1459.
（87） *EuGH*, Urt. v. 5. 11. 2002 – Rs. C-208/00, Slg. 2002, I-9919.
（88） *EuGH*, Urt. v. 30. 9. 2003 – Rs. C-167/01, EuZW 2003, 687 = NJW 2003, 3331. これについては、このほか *Sandrock*, BB 2003, 2588, 特に「重層化説（Überlagerungstheorie）」の変形については、*ders*., ZVglRWiss 102 (2003), 447. また *Bayer*, BB 2003, 2357 をもみよ。
（89） EuGH v. 13. 12. 2005 – Rs C-411/03, ABl. C 36, S. 5 ; ZIP 2005, 2311.
（90） *Teichmann*, ZIP 2006, 355, 358. これにはその余の証明が付されている。

Ⅳ ヨーロッパの団体形式

ヨーロッパにおける現行の団体形式はすでに簡単に述べたとおりである[91]。ヨーロッパ経済利益団体、ヨーロッパ会社、ヨーロッパ協同組合などがその例である。ヨーロッパ経済利益団体[92]は「完全な」団体形式ではない。ヨーロッパ経済利益団体は固有の利潤獲得に用いられるものではなく、その構成員の団体的結合として、彼らの経済的活動を促進するという目的をもって補助活動のみを展開してもよいとされている。現に存在するヨーロッパ経済利益団体はおよそ一六〇〇件であり、そのうちベルギーに三九三件、フランスに二六一件、イギリスに一七〇件、そしてドイツに一八九件がそれぞれ登記されている。

ヨーロッパ会社が政治的妥協の産物であるということは、すでに、外見上、二つの規律、すなわち共同決定に関する規則[93]と共同決定に関する指令[94]とが存在することから認識することができる。団体形式のための諸提案はやはり一九七〇年、一九七五年、一九八九年、そして一九九一年に遡る。それでも、政治的妥協が最初に見出されたのは二〇〇〇年一二月のニースでのヨーロッパ連合サミットにおいてであった。設立に関する諸規定は超国家的な関連性を保障するものである。特徴的なのは、解散や（移転計画を介した）新規設立を伴わないままで、いずれか他の加盟国に国境を越えて本拠を移転する可能性であり、そして一元的な取締役会制度と二元的なそれとの間での選択可能性である。労働者の参加に関しては、共同決定モデルに基づく機関と労働者との一致が優先的に志向され、そして、設立に関与した会社の従来の共同決定基準に有利になるような現状保護の一致が得られない場合に、従前の最高値の共同決定基準をつねに基準とする旨の受け皿規定が定められている。

確かに、ヨーロッパ会社は、すでに二〇〇四年以降、株式に分割すると少なくとも一二万ユーロという資本を有する法人として存在しているが、しかし、「ヨーロッパ会社法の旗艦」としてそれが受け入れられているかといえば、まだ明確な言明を行うことはできない。その理由は、とりわけ、ヨーロッパ会社規則（SE-VO）に欠落があるために、特に内国の諸規定が補充的に適用されることとなり、その結果、ひとつの加盟国内でさえヨーロッパ会社にはいろいろな形態が考えられ得るという点にある。共同体内において会社法的構造を簡素化するという目標は、それゆえ、ヨーロッパ株式会社定款をもってしては、ごく限定的にしか達成されていない。むしろ、ヨーロッパ会社は、ヨーロッパ域内市場で活動する企業のための法的・組織的な一種の出発点であるというよりも、統合したものとして表すことができる。予測すれば、企業の観点からすると最も高い関心が寄せられるような加盟諸国のモデルが、長期的にみると、その価値を認められるようになろう。その結果、加盟諸国法体系間での競争が生まれ、直接には法の調整につながらないことであろう。たとえ、こうした法形式が特に国境を越える合併についても規定され、それゆえ、共同決定を伝統とするドイツの企業にとって結局は孤立の危険が隠されているとしても、ヨーロッパ会社は、少なくとも中期的には、ヨーロッパ会社法とコーポレート・ガヴァナンスの調和に役立つことであろう。諸国の企業文化——たとえば、かつてのいわゆる「ドイツ株式会社（Deutschland AG）」、これは株主への影響が不十分であるとかコーポレート・ガヴァナンスが非効率的であるとかということのシンボルであった――は、少なくとも、そのガヴァナンスに関する文化を効率的な法体系という基準に合わせて調整するという外圧の高まりに晒されているようにみえる。けれども、短期的に予測できるところでは、ドイツの参加を欠いたまま、ヨーロッパ会社という法形式で、国境を越える企業合同が行われる余地がある。ヨーロッパ的規模では、ヨーロッパ会社が導入されて以後、いろいろなヨーロッパ会社の設立が行われている。そこに示されているのが、特に、ヨーロッパ会社はコンツェルン内部で再構成するための法形式として魅力的だという点である。というのは、企業がヨーロッパ的規模で統一的に市場に登場する機会を作るために、これを利用しているからである。[95] その場合、ドイツにとって特に関心を呼ぶ例は、その場合、アリアンツ株式会社（Allianz AG（ドイツ株式指標三〇を有する企業（ein Dax-30 Unternehmen）））が、国際的な方向性を強化しているにも拘わらず、そのSEコンツェルンの本拠をドイツで維持しようとしていながら、それでいて、当該コンツェルン内部での再構成と新秩序を手に入れるという場合である。[96] 結局、設立準拠法説が承認された[97]ことを背景として考えてみると、もちろんのことであるが、ヨーロッパ会社の場合に本拠移転の可能性がそもそもどのような長所をまだ持っているのか、どのような意味が本拠移転の可能性に対して与えられるのかといった問題が提起されることになる。

（91） 参照されるのは、前述Ⅱ2である。
（92） Verordnung (EWG) Nr. 2137/85 des Rates vom 25. Juli 1985 über die Schaffung einer Europäischen Wirtschaftlichen Interessenvereinigung (EWIV), ABl. 1985, Nr. L 199, S. 1.
（93） Verordnung (EG) Nr. 2157/2001 des Rates vom 8. Oktober 2001 über das Statut der Europäischen Gesellschaft (SE), ABl. 2001, Nr. L 294, S. 1.

（94） Richtlinie 2001/86/EG des Rates vom 8. Oktober 2001 zur Ergänzung des Statuts der Europäischen Gesellschaft hinsichtlich der Beteiligung der Arbeitnehmer; ABl. 2001, Nr. L 294, S. 22.

（95） 参照されるのは、たとえば、「ヨーロッパ的同一性（European Identity）」を展開するためにオーストリアのストラバーク株式会社（Strabag AG）をストラバーク・ヨーロッパ会社（Strabag SE）へと組織変更した例である（http://www.strabag.at/CMSCache/160008.pdf）。

（96） これは、インターネットのアドレス、http://www.allianz.com/Az_Cnt/az/_any/cma/contents/1043000/saObj_1043327_Struktur_S.E._German.pdf で利用することができる。

（97） これについては、Ⅲ参照。

Ⅴ　企業買収法

かくして、中心的な問題となるのが、企業結合と企業買収、すなわち、いわゆる企業買収法（Takeover-Law）である。企業買収法には、三〇年前に遡る、長い歴史がある。その目標は、ヨーロッパ経済における新秩序の確立とヨーロッパ企業が有する国際競争力の改善とである。その道を形成しているのが企業買収法の調和であり、企業リストラの促進であり、企業買収の際の法的安定性の向上であり、少数株主保護の確保であり、そして、防衛手段に関する「武器対等性」の確立である（いわゆるLevel Playing Field）。約三〇年間にわたって持続されてきた、ヨーロッパ企業法創設のための諸努力[98]が二〇〇一年七月四日のヨーロッパ議会による拒否決定をもって暫定的な終わりを迎えた後、二〇〇二年一〇月二日に、急激に、企業買収の申し出の規律についての指令のための新提案[99]がヨーロッパ委員会により決議され、そしてヨーロッパの立法手続に持ち込まれた[100]。しかしながら、二〇〇四年四月の企業買収指令はひとつの小さな解決策でしかない[101]。最終的には、発展しつつある会社法的な構造は触れられておらず、市場の力と諸体系間での競争によって規定の中身が作られている[102]。

二〇〇三年のヨーロッパ企業買収綱領は、敵対的企業買収の場合における取締役の中立性の原則を前提としている。これにより、累積議決権や議決権に対する制限のような防衛手段は停止されることとなる。防衛手段に固執するというオプション・モデルが、いわば例外として、加盟諸国に認められている。反対方向に向けた例外（Rückausnahme）によって、株主総会決議を通じてのヨーロッパ企業買収綱領の適用を選択することが企業には可能となっている。「逆向きの、反対方向に向けた例外（Rück-Rückausnahme）」は、ふたたび、新たな株主総会決議を通じて先の株主総会決議の取消を許している。それゆえ、この原則は空洞化されているが、服従がすでに先行するところから累積議決権が廃止されることになってみると、このことはドイツにとって問題がないとはいえない。結局、さほど輪郭がはっきりしていないシステムが設けられ、そして「欲する者が必要としている（wer will, der darf）」というモットーに従って防衛手段を用いる道が開かれるのである。それゆえ、この妥協は決して文字通りの妥協ではなく、各加盟国の特殊な利益が貫かれてきたのであって、このことは確かにヨーロッパにおける法調整にとっての世紀の一瞬を示すものではない。

（98）ヨーロッパ企業法の発展について参照されるのは、概観のみであるが、*Zinser*, ZRP 2003, 78.

（99）Vorschlag für eine Richtlinie des Europäischen Parlaments und des Rates betreffend Übernahmeangebote vom 2. 10. 2002, KOM (2002), 534 endg.; これを収録するものとして、ZIP 2002, 1863. これについて参照されるものとしてこのほかダウナー＝リープおよびラマンディーニによる鑑定書 Gutachten von *Dauner-Lieb* und *Lamandini* (Report to the European Parliament on the Commission's new proposal of a directive on company law concerning takeover bids, with particular reference to the recommendations of the High Level Group of company Law Experts set up by the European commission and to the achievement of a level playing field in the domain of takeover bids, Study no. IV/2002/06/01) そして、これについては、*Dauner-Lieb/Lamandini*, BB 2003, 265 をもみよ。

(100) この提案は、多くの分野で、ヴィンター委員会（*Winter*-Kommission）、すなわち「企業買収要請の進展に関する会社法分野の上級専門家グループ（hochrangige Gruppe von Experten auf dem Gebiet des Gesellschaftsrechts über die Abwicklung von Übernahmeangeboten)」の審議結果に基づいている。同委員会が二〇〇二年一月一〇日に提出したその報告書はドイツ語、英語およびフランス語で、下記のアドレス http://europa.eu.int/comm/internal_market/en/company/company/news/02-24.htm にて取り出すことができる。

(101) Richtlinie 2004/25/EG des Europäischen Parlaments und des Rates vom 21. April 2004 betreffend Übernahmeangebote; ABl. 2004, Nr. L 142, S. 12.

(102) 二〇〇二年一月一日に発効したドイツの有価証券取得および企業買収に関する法律（Wertpapiererwerbs- und Übernahmegesetzes (WpÜG)）の諸規定が相互的効力を有することについては、有価証券取得および企業買収に関する公開買付の規律のための法律（Gesetz zur Regelung von öffentlichen Angeboten zum Erwerb von Wertpapieren und von Unternehmensübernahmen v. 20. 12. 2001, BGBl. I, S. 3822）第一条である。参照されるのはたとえば、*Saenger*, Tendenzen im europäischen Übernahmerecht: Die Vereinbarkeit des deutschen WpÜG mit dem Richtlinienvorschlag vom 2. 10. 2002, in: Sandrock/Großfeld/Luttermann/Schulze/Saenger, Rechtsvergleichung als zukunftsträchtige Aufgabe, MSR Band 100, 2004.

Ⅵ　展　望――二〇〇三年五月二一日のヨーロッパ会社法の現代化およびコーポレート・ガヴァナンスの改善のためのヨーロッパ委員会アクションプラン

ところで、――比喩的にいえば――ヨーロッパ会社法・企業法という列車は、今、走り始めたばかりである。二〇〇三年五月二一日のヨーロッパ会社法の現代化およびコーポレート・ガヴァナンスの改善のためのヨーロッパ委員会アクションプランの根底にある諸提案は、二〇〇二年一一月にヴィンター（Winter）委員会により提出された最終報告書「ヨーロッパにおける現代的な会社法枠組」[103]に基づくものである。このアクションプランは、「最終監査の強化のための」一〇項目アクションプランと同様、同じ日に同委員会により採択された。このプランは二一のアクションについて定めた「一〇年計画」であり、そこでは、二〇〇三年から二〇〇五年にかけて行われる短期的措置、二〇〇六年から二〇〇八年にかけて行われる中期的措置、そして二〇〇九年以降に行われる長期的措置、これらが定められている。これらの手段は、拘束力を持たない勧告から拘束力を有する指令にまで及んでおり、そして、基本的に二つのグループに整理できる措置により、特にコーポレート・ガヴァナンスに関する措置とその他の措置とを捉えようとしている。その目標は、コーポレート・ガヴァナンスに関する諸規定の統一、資本調達・資本維持に関する現代的諸規定の創出、株主権の強化、現代的技術への適応、そして越境の容易性、これらである。その動機は、――たとえば、ヨーロッパ連合域内市場担当大臣のフリッツ・ボルケシュタイン（Fritz Bolkestein）が述べているが――「企業が効率的かつ透明に運営されるときにのみ、経済は機能する」という点であり、そのためにヨーロッパ連合はこの分野で「ヨーロッパ連合以外の世界にとってのお手本」でなければならないという確信である[104]。短期的措置（二〇〇三―二〇〇五年）としてコーポレート・ガヴァナンスの枠内で定められているのは以下の項目である。

―企業指揮および企業監視に関する情報の公開を改善するための変更指令（コーポレート・ガヴァナンス声明）、
―指揮機関および管理機関の構成員の年度末決算書についての団体責任に関する変更指令、
―株主との（ヨーロッパ全域での電子的手段による）コミュニケーションと議決の容易化を通じての株主権の強化のための指令ならびに
―次の各号に掲げる事項に関する勧告を通じてなされる指揮機関および管理機関の現代化
・独立して業務を行っていない取締役および監査役の役割の強化に関する事項、ならびに
・取締役の報酬についての適切なシステムの推進に関する事項
―委員会の発議によって、最終的には、ヨーロッパ・コーポレート・ガヴァナンス・フォーラムの勧告によるコーポレート・ガヴァナンスの改善のためのヨーロッパの諸努力の調整がもたらされている。

努力が続けられているコーポレート・ガヴァナンス声明についてみると、最小条件に関わるのは、以下の各事項に関する公開である。

・株主総会の職務態様と権限
・株主権とその行使
・機関および委員会の構成と職務態様

・主要な参加、議決権および管理権ならびに主要な取決め事項を有する株主および多数社員と会社との間のその他の関係
・結合企業との重要な取引
・リスク・マネージメント・システム
・コーポレート・ガヴァナンス綱領の適用。

二〇〇三年五月二一日のアクションプランの可決以降、ヨーロッパ委員会は、計画通りに、コーポレート・ガヴァナンスの改善のためのこれらの目標の組み換えを行ってきた。その結果、多くの短期的措置はすでに完了しているか、または完了を待つ状況にある。このようにして、一方では、委員会により、取締役の報酬に関する勧告[105]や独立して業務を行っていない取締役および監査役の役割に関する勧告[106]が公表された。予定されているふたつの変更指令、すなわち、企業指揮および企業監視に関する情報の公開を改善するための変更指令と指揮機関および管理機関の構成員の年度末決算書についての団体責任に関する変更指令はひとつにまとめられて、指令提案となっている。[107]これと同様に、株主権強化のための指令提案[108]が作成された。最後に、二〇〇四年一〇月に、高度の専門家から成るコーポレート・ガヴァナンス・フォーラムが設けられ[109]、それ以後、このフォーラムは四半期ごとに会合を開いている。

そのほか、第二次指令の容易化の枠内で、補充されたＳＬＩＭ勧告（SLIM-Empfehlungen）に基づき、資本維持および資本変更が改正される予定である。「SLIM-plus（Simplification of the Legislation for the Internal Market）」が対象としているのは、自己株式取得の容易化であり、会社資金を当てにした第三者による当該会社株式取得のファイナンス（Management buy out）の容易化であり、購入権排除の容易化であり、（十分な担保がある場合）現物出資としての役務提供の許容性であり、そして最後に、現物出資の場合の評価鑑定書の放棄である。このために、同様に、これに対応し

た指令提案[110]が立法手続を終了している。

企業のグループやピラミッドについて、変更指令は、グループの構造とグループ内部における資金的種類およびその他の種類の関係の公開の改善をもたらそうとしている。企業の構造と可動性については、国境を越える企業結合に関する第一〇次指令のための諸提案と国境を越える本拠移転に関する第四次指令が用意されている。最後に、中規模会社のためのヨーロッパ民事会社について、このような法形式の実際的必要性とそれに伴う諸問題とに対する評価のための実施可能性に関する研究が予定されている。ヨーロッパ社団および相互会社に関する命令に関するヨーロッパ連合の法形式についても検討されている。

二〇〇三年五月二一日の当初のアクションプランが、中期的措置（二〇〇六―二〇〇八年）に関して、コーポレート・ガヴァナンス指令の枠内で予定していたものは、機関投資家の投資戦略および同調戦略の公開の強化、すべての上場会社につき二元的システムと一元的システムとの間での選択可能性、そして、指揮機関および管理機関の構成員の責任の強化（特別監査、倒産遅延責任、取締役としての活動の禁止、これらを求める権利）である。ある研究では、少なくとも上場会社については、完全な株主民主主義（一株につき一議決権）を達成するための契機となるという結果が示されている。資本維持の分野では、すでに資本維持コンセプトのための選択肢を審査するための研究が公表されている[111]。企業グループに関しては、指令により企業グループのための枠組規定が作成され、子会社に対して同調的なコンツェルン政策を採ることが可能となっている。変更指令では、濫用的なピラミッド構造を有する上場が禁止されている。組織変更との関連では、第三指令（株式会社の合併）と第六指令（株式会社の分割）の容易化が考えられている。ヨーロッパ民事会社の定款のための提案に関する実行可能性についての研究はすでに完了しており、その結果も公表されている[112]。「ヨーロッパ財団」についての研究結果も、同様に、すでに存在して、このような法形式について十分な需要のあることが指摘されており、その結果、この法形式についての検討が続けられている[113]。各国内法上の法形式の透明性を高めるために、すべての有限責任法人について根本的な公開規定を導入することが考えられている。

最後に、長期的措置（二〇〇九年以降）として、すでにこの点について行われている実行可能性についての研究の結果に応じて、場合によっては、資本維持に関するシステムの選択肢を資本指令の中に取り入れることが考慮されている。二〇〇六年五月三日に、二〇〇三年五月二一日のアクションプランの中で将来どれを優先するかに関する協議と公聴会が行われた[114]。この点に関する前述の諸目標、すなわち、規律の効率性の改善と成長・雇用の一般的強化[115]を考慮すれば、アクションプランの中期的措置および長期的措置について結びの言葉がまだ述べられていないということを前提とすることができる。しかしながら、ヨーロッパ委員会は正当にも、諸国の法を将来調整する際に市場のさまざまな需要に合うようにするために、関係するステークホルダーとの合意に向けて努力を行っている。

結局のところ、このアクションプランは企業法の停滞を克服するのに役立っている。それにも拘わらず、「調和を求める熱意」は懸念されてはならないし、アメリカ合衆国のサルバーンズ・オクスレー法（Sarbanes Oxley Act）の行き過ぎも回避されることであろう。

(103) これについてはたとえば、*Maul/Eggenhofer*, BB 2003, 1289. ヴィンターグループの最終報告書については、*Wiesner*, BB 2003, 213 をみよ。

(104) この引用は、*Wägenbaur*, ZRP 2003, 343 による。

(105) Empfehlung der Kommission vom 14. 12. 2004 zur Einführung einer angemessenen Regelung für die Vergütung von Mitgliedern der Unternehmensleitung börsennotierter Gesellschaften, ABl 2004, Nr. L 385, S. 55.

(106) Empfehlung der Kommission vom 15. 2. 2005 zu den Aufgaben von nicht geschäftsführenden Direktoren/Aufsichtsratsmitgliedern/börsennotierter Gesellschaften sowie zu den Ausschüssen des Verwaltungs-/Aufsichtsrats, ABl. 2005, Nr. L 52,

S. 51.

(107) Vorschlag einer Richtlinie zur Abänderung der Richtlinien 78/660/EWG und 83/349/EWG hinsichtlich der Jahresabschlüsse bestimmter Arten von Unternehmen und konsolidierter Abschlüsse, KOM (2004) 725 endg.

(108) Vorschlag für eine Richtlinie des Europäischen Parlaments und des Rates über die Ausübung der Stimmrechte durch Aktionäre von Gesellschaften, die ihren eingetragenen Sitz in einem Mitgliedstaat haben und deren Aktien zum Handel auf einem geregelten Markt zugelassen sind, sowie zur Änderung der Richtlinie 2004/109/EG, KOM (2005) 685 endg.

(109) ヨーロッパ・コーポレート・ガヴァナンス・フォーラム（Europäischen Corporate-Governance-Forum）については、http://ec.europa.eu/internal_market/company/ecgforum/index_de.htm をみよ。

(110) Vorschlag für eine Richtlinie des Europäischen Parlaments und des Rates zur Änderung der Richtlinie 77/91/EWG des Rates in Bezug auf die Gründung von Aktiengesellschaften und die Erhaltung und Änderung ihres Kapitals, KOM (2004) 730 endg.

(111) 資本調達システムのための選択肢に関する実施可能性の研究は一九七六年一二月一三日の会社法分野でのヨーロッパ経済共同体第二指令（77/91/EWG）により導入された。ヨーロッパ連合の決算システムが利益配当に及ぼす効果の分析については、（http://ted.europa.eu/udl?request=Seek-Deliver&language=FR&docid=51751-2006）をみよ。

(112) これらの結果は、http://ec.europa.eu/enterprise/entrepreneurship/craft/craft-priorities/craft_spe_event.htm のもとで取り出すことができる。

(113) これについて参照されるのは、*Hopt/Walz/von Hippel/Then*, The European Foundation – A New Legal Approach, 2006 である。

(114) これについては、http://ec.europa.eu/internal_market/company/consultation/index_de.htm をみよ。

(115) 同上の公聴会について参照されるのは、http://ec.europa.eu/internal_market/company/docs/consultation/consultation_en.pdf のもとでの協議書である。

Ⅶ　まとめ

ヨーロッパ会社法・企業法を通じて行われたいわば新世界への旅行の目標は、この法分野の法的・経済的な重要性を強調することにあった。それと同時に、この分野でのヨーロッパの法調整の活力に言及されるべきである。ヨーロッパ法の中に会社法・企業法・資本市場法が根づくことは注目に値する一歩を進めることになる。最後に、ヨーロッパの枠内において経済法的枠組条件をひとまとめにして形成する際に、そして、自国の国内法秩序を適用させる際に、ヨーロッパ連合の新しい加盟国にとって利用可能な機会を提供することも行われるべきである。諸国の法体系間での競争が将来的に重要性を持つことにも言及されなければならない。

ヨーロッパ契約法

――ヨーロッパ民事法実現のための準備段階か?――

Europäisches Vertragsrecht:
Vorstufe zum Europäischen Zivilrecht?

山内惟介 訳

目次

Ⅰ　はじめに
Ⅱ　ヨーロッパ契約法の現状
Ⅲ　共通ヨーロッパ私法の長所、短所および課題
Ⅳ　自主的な団体によるヨーロッパ契約法の研究
1　ユニドロワ委員会
2　ランドー委員会
3　その他の作業グループ
4　ヨーロッパにおける各固有法の発展にとって、これらの原則はどのような意味を有するか
Ⅴ　ヨーロッパ契約法をめぐる公的な諸努力
1　最初の公的な歩み
a　ヨーロッパ議会の諸決議（一九八九／一九九四年）
b　タンペレ（一九九九年）におけるヨーロッパ連合理事会
2　ヨーロッパ委員会による第一次通知（二〇〇一年）と態度表明
a　通知の内容
b　態度表明
3　ヨーロッパ委員会による第二次通知（二〇〇三年）と態度表明
a　通知の内容
b　態度表明
4　ヨーロッパ委員会による第三次通知（二〇〇四年）と態度表明
a　通知の内容
b　態度表明
c　ヨーロッパ共同体のネットワークによるヨーロッパ私法についての研究
d　ヨーロッパ共同体のネットワークによる共同体報告枠組についての研究
e　二〇〇四年通知に対応したヨーロッパ委員会の諸措置
Ⅵ　前進
Ⅶ　要約

I　はじめに

ウィンストン・チャーチルが一九四六年九月一九日にチューリヒ大学で「ヨーロッパ合衆国とでも言うべき組織」について述べたとき、彼の構想がこれほど早く、しかもこれほど広い範囲で、実現されるということを十分に予測できた者は誰もいなかった。これまでのところをみると、ヨーロッパ統合の過程で、目覚しい成果が達成されてきた。まず一九五一年に、ヨーロッパ石炭鉄鋼共同体が六つの加盟国をもって設立された。すなわち、ベルギー、ドイツ、ルクセンブルク、フランス、イタリアおよびオランダの六か国がそうである。ヨーロッパ石炭鉄鋼共同体は、これら六か国が石炭鉄鋼にとどまらない経済分野の統合を進めるよう合意した成果のひとつであった。一九五七年に、これら六か国はローマ条約に署名し、ヨーロッパ原子力共同体およびヨーロッパ経済共同体を設立した。[1]加盟諸国の目標は、貿易障壁の除去であり、また「共同市場」の創設であった。この目標は、それ以降、ヨーロッパ連合の諸機関による多くの歩み——その中では、共通通貨たるユーロの導入が特に際立っている——の基盤を成している。最近では、経済的統合の結果として、法統一の意思も、これまでよりずっと強く現れてきている。ヨーロッパにおける私法統一の手段として考えるとき、指令という形式は不適切であるとみる傾向が、ますます強まっている。現在求められているのは共通ヨーロッパ契約法であるが、その最終的な目標は、共通ヨーロッパ民事法の形成にある。

＊　本稿は、二〇〇六年九月二九日に中央大学・日本比較法研究所で行った講演原稿に加筆したものである。

（1）ヨーロッパ連合の歴史については http://europa.eu.int/abc/history/index_de.htm 参照。

Ⅱ ヨーロッパ契約法の現状

法統一の過程およびそれと関連する諸問題に対する考察は、ヨーロッパ契約法における現下の法状況を考慮した上で、行われなければならない。ヨーロッパ規模でみると、たくさんの違いによって特徴づけられている。その際、ヨーロッパの契約法は、ヨーロッパのどの国も比較可能な法体系をまだ一度も提示していない。コモン・ロー・システムに根ざしているいくつかの国や地域（イングランド、アイルランド、ウェールズ）がある一方で、（ヨーロッパ大陸に所在する）諸国の大多数はいわゆるシヴィル・ローに従っており、そこでは、法典や制定法が有力な法源となっている（2）。こうした構造的相違を除いても、特に契約法分野での多様な違いの数々が、前世紀におけるさまざまな展開に基づいて、書き留められなければならない。こうした違いから、ある国が特定の法制度を正当なものとして承認している一方で、当該法制度のそうした形式が、他の法秩序にとっては未知のものとなっている。たとえば、ドイツ法における行為基礎の脱落（Wegfall der Geschäftsgrundlage（hardship））がそうであり、連合王国法における不実表示ルール（rules on misrepresentation）がそうである（3）。

それでは、どのようにすれば、こうした相違を克服することができるのだろうか。この点はヨーロッパ連合の権限に関わる問題であるだけでなく、法統一の方法に関わる問題でもある。実際、ヨーロッパ連合に付与されている権限は、加盟諸国によりヨーロッパ連合に対して委任されている権限だけでしかない（ヨーロッパ共同体条約第五条）。ヨーロッパ連合には何よりもまず私法分野における立法権限がない[4]。もっと正確にいうと、ヨーロッパ共同体条約第一五三条は、次に掲げる措置を通じて、消費者保護の分野でヨーロッパ共同体に権限を付与している。

― 域内市場実現の枠内でヨーロッパ共同体条約第九五条により行われる諸措置、

― 加盟諸国の政策を支持し、補充し、および監視するための諸措置。

最初に挙げた措置は、これまで、加盟諸国の国内私法に、それも主として指令を通じて介入するため、きわめて頻繁に用いられてきた。指令はなるほどヨーロッパ共同体条約第二四九条によると加盟諸国に対して一定の結果の達成を命じているが、しかし、加盟国の国内諸機関に対して当該目標を達成するための形式および方法の選択を委ねている。このことは、加盟諸国が十分な自治を有することを保障するだけでなく、いわゆる補充性の原則とも関連している。補充性の原則は、原理的に、ヨーロッパ共同体の立法行為に対して、序列上劣後する地位を与えている[5]。

消費者保護の分野における指令に関して最も重要な例は、訪問販売についての指令[6]、生産物責任についての指令[7]、消費者信用についての指令[8]、パッケージ旅行についての指令[9]、消費者契約における普通取引約款についての指令[10]、時間貸し居住権についての指令[11]および通信販売の枠内での消費者保護についての指令[12]、これらである。その他たくさんの指令および規則、たとえば保険法および銀行法に関するもの、有価証券法に関するもの、それに情報保護法および遠距離通信法に関する指令および規則において、もっぱら消費者の権利に焦点が当てられてきた。調整および統一の過程はその他の私法分野にも拡張され始めた[13]。その後これまでの間に、ヨーロッパ連合は――確かに消費者契約法のみを取り扱っているのではないけれども、主として消費者契約法を取り扱っている――包括的な第二次法を公布してきた[14]。第二次法は、あたかもすでにこの立法が契約法のヨーロッパ化をもたらしているかのような外観を呈している。それでもなお、ヨーロッパ連合は、共通契約法を創設しなければならないという考えに対してかなり距離を置いている。このことは、指令の置き換えに際して加盟諸国が弾力性を有していることから明らかになるだけでなく、前述の諸例が示すように、関連するテーマ領域が私法全般にわたって分散していることからも明らかになる。このほか、指令のコンセプトや用語法も厳密なものではないし、またそれらは法体系全体の一部分として現れているわけでもない。このことは、繰り返しになるが、ヨーロッパには共通の法的基盤が欠けていることから明らかになる(15)。

もっとも、以上の内容を受けて、指令の重要性がおそらくは一層高まるであろうということから、私法の共通原則や共通ルールを練り上げる必要性がないといった結果を引き出すこともできないであろう。このことが特にあてはまるのはヨーロッパ民事法についてである。ヨーロッパ民事法は、将来、ヨーロッパ全体のための唯一の共通契約法として、これまでのところ二五か国の契約法が有する地位を引き継ぐ可能性がある。

(2) *Lando*, Some features of The Law of Contract in the Third Millenium, Scandinavian Studies in Law, Vol. 40 (2000), S. 343 (355).
(3) *Lando*（前注(2)）, S. 358.
(4) *Weatherill*, Why Object to the Harmonization of Private Law by the EC?, European Review of Private Law, Vol. 12 (2004), S. 633 (634).
(5) *Alpa*, European Community Resolutions and the Codification of “Private Law”, European Review of Private Law, Vol. 8 (2000); S. 321 (327).
(6) Richtlinie 85/577/EWG (1985).
(7) Richtlinie 85/374/EWG (1985).
(8) Richtlinie 87/102/EWG (1987).
(9) Richtlinie 90/314/EWG (1990).
(10) Richtlinie 93/13/EWG (1993).

(11) Richtlinie 94/47/EWG (1994).
(12) Richtlinie 97/7/EWG (1997).
(13) *Schulze/Schulte-Nölke/Jones*, A Casebook on European Consumer Law, Oxford and Portland (2002), S. 121.
(14) *Weatherill*（前注（4））, S. 634.
(15) *Hartkamp*, Perspectives for the Development of a European Civil Law, Vortrag anlässlich der Trento Konferenz am 15. Juli 1999, S. 1 (2) (http://frontpage.cbs.dk/law/commission_on_european_contract_law/literature/hartkamp/perspectives_trento.htm) ; *Smits*, A European Private Law as a Mixed Legal System – Towards a Ius Commune through the Free Movement of Legal Rules, Maastricht Journal of European and Comparative Law, Vol. 5 (1998), S. 328 (329).

Ⅲ　共通ヨーロッパ私法の長所、短所および課題

まずもって重要な問題は、ヨーロッパ連合がヨーロッパ民事法についての権限を有するか否か、そして、ヨーロッパ民事法をもって達成することのできる長所が短所を凌駕しているか否かである。これらの問題を解く鍵は、ここでも、共同市場の創設という目標設定ならびに物、人、サーヴィスおよび資本の自由移動の保障である（ヨーロッパ共同体条約第二条および第三条第一項c号）。その根底にある発想は、これら物、人、サーヴィスおよび資本がもっと自由かつ簡単に国境を越えて移動することができれば、ヨーロッパ市民はますます豊かになり高い満足感を得ることができるという考えである。物とサーヴィスは契約に基づいて移動するので、契約を締結しかつ契約に伴うリスクを算定することが簡素化されなければならないと考えられてきた(16)。

共通ヨーロッパ民事法は、まさしくこの目標を達成することができるとする考えに基づくものである。共通ヨーロ

ッパ民事法は特に貿易にとって役に立つことであろう。加盟諸国の法体系間に存在する不一致は他の諸国における潜在的な顧客を萎縮させてきた。これらの者は当該国の法をそもそも知らないか、または取引活動のために特別の支出を行ったり、特に相談したりすることをためらっている[17]。ヨーロッパ契約法の統一は共同市場への途上で生じているこれらの障害を克服する可能性を持っている。さらに、ヨーロッパ契約法は、法律職に就いている者、とりわけ裁判官および弁護士に対して利益をもたらすことであろう。というのは、これらの者にとって、国境を越えた取引活動に力を貸す上で何らの障害もないからである。さらに、統一ルールは紛争を簡単にしたり阻止したりすることにも、またすでに発生している紛争に法を統一的に適用することにも役立つであろう[18]。ヨーロッパ民事法の大きな長所は、それゆえ、専門家にとっても消費者にとってもこのように重要な簡素化が行われるという点にある。

他方で、こうした着想に反対する重大な論拠もある。それらの中でも、「知らないことに対する恐怖」やどの言語でヨーロッパ民事法が書かれるのかといった問題は論拠としてはきわめて小さいであろう。ヨーロッパ的規模での法典編纂というその基本的着想は、おそらくコモン・ローの実務家にとっては傲慢なものに映ることであろう。というのは、ヨーロッパ民事法は、ヨーロッパ大陸の弁護士が抱いている、誤って優勢だと考えている世の中の見方を彼らに対して押し付けるものだからである[19]。このほか、法源を統一すれば、必然的に統一法がもたらされるといえるかどうかもはっきりしていない。というのは、あるルールが格段に特別の意味を持つか否かは、かなりの程度、そうしたルールが作成される、その国固有の文化的事情に左右されることがらだからである。またそれぞれのメンタリティが、いずれにせよヨーロッパでは、法的な事象においてもまったく異なっている[20]。その上、多くの者は法的な相違を、共同市場を促進するものとみなしている。というのは、加盟諸国間での競争および諸国の「法的手段」相互間での競争が「より良い」法をもたらすと考えられているからである。これに対して、しばしば引き合いに出されるアメリカ合衆国では、たとえ各州にそれぞれ独自の私法が用意されているとしても、おそらく最も活気に満ちた国内市場が大変良く機能しているように思われる(21)。

それでも、ヨーロッパ民事法の統一が望ましいと考えることには、十分な理由がある。しかしながら、このように重大な立法行為についてヨーロッパ連合が権限を有するか否かという問題が、それでもなお、残されている。ヨーロッパ連合の諸条約にはこの問題性がつねに付随しており、その結果、ヨーロッパ連合に特別の権限を供与することにつき少なくとも加盟諸国間に合意がないときは、最終的にふたたび消費者保護が正当化の決定的な根拠として用いられることになろう。

（16） *Lando*, Contract law in the EU – The Commission Action Plan and the Principles of European Contract Law, Unpublished answer to the Commission's 2003 Action Plan, p. 1 (2) (http://frontpage.cbs.dk/law/commission_on_european_contract_law/literature/Lando/Response%2016%20May%2003.doc).

（17） *Alpa*（前注（5））, S. 327；*Lando*（前注（2））, S. 346；*Smits*, The Need for a European Contract Law, Groningen (2005), S. 4.

（18） *Alpa*（前注（5））, S. 327.

（19） *Smits*（前注（15））, S. 333.

（20） *Alpa*（前注（5））, S. 327；*Smits*（前注（15））, S. 333.

（21） *Hesselink*, The European Commission's Action Plan：Towards a More Coherent European Contract Law?, European Review of Private Law, Vol. 4 (2004), S. 397 (413).

Ⅳ　自主的な団体によるヨーロッパ契約法の研究

ヨーロッパ民事法に関する論議は、たとえこのようなプロジェクトがヨーロッパ連合の諸機関により直接推進されていないとしても、何ら新しいものではない。むしろいろいろな作業グループが存在しており、そうしたグループによりすでに二〇年以上も前からこの主題に関する研究が始められてきた。

1　ユニドロワ委員会

最も重要な作業グループのひとつはユニドロワ（UNIDROIT, Institut pour l'Unification du Droit Privé（私法統一国際協会））により設けられたものである。この協会は五九の加盟国を有する政府レヴェルの国際組織で一九二六年に国際連盟により設立された[22]。この機関が最初に取り組んだのは主として国際協定であった。最も好評を得た成果は一九六四年のハーグ統一売買法であった。この統一売買法が決定的な淵源となって、一九八〇年の国際的動産売買に関する国連条約（UN-Convention on the International Sale of Goods (CISG)）が生まれた。一九八〇年にユニドロワは一七名から成る作業グループを設けた。このグループは世界の主要な法体系を代表し、かつ、アメリカの契約法リステイトメント（Restatements of the Law of Contracts）のような、拘束力を持たない法的手段の立案に従事した。設立後、この委員会は毎年一回ないし二回の会合を重ねた。この作業グループは、一九九四年に国際商事契約のための諸原則（Principles for

International Commercial Contracts（PICC）を公表して、最初の作業を終えた。国際商事契約のための諸原則は条文の形式で起草され、適用例を含む注釈により補充されていた。その内容は、総則、締結、有効性、解釈、契約内容、履行および不履行の七章から成る。二〇〇三年に終了した第二部の作業に見出されるのは、代理、相殺、譲渡、権利義務の移転、第三者のための契約、そして時効期間、これらに関する諸規定である。これらの規定を部分的に取り入れた新しい形式の国際商事契約のための諸原則は二〇〇四年にユニドロワにより公表された(23)。

2　ランドー委員会

もうひとつの重要な委員会はヨーロッパ契約法委員会（Commission on European Contract Law（CECL））である。この委員会はデンマーク人議長オーレ・ランドー（Ole Lando）の名前を取って「ランドー委員会」とも呼ばれている(24)。この委員会はヨーロッパ連合のすべての加盟国出身のメンバー二五名から構成されている。メンバーは、通例、学者と実務に携わる弁護士であり、政府により選ばれているわけでも公務として自国を公式に代表しているわけでもない。ユニドロワ委員会と同様、この作業グループも一九八〇年にその作業を開始した。個人としての資格で各学者が右の二つの作業グループに所属していたので、両作業グループの活動は相互に影響を及ぼし合っている。当然の帰結として、両者の結果は重要な部分では異なるものではない。一九九九年にランドー委員会はヨーロッパ契約法の諸原則（Principles of European Contract Law（PECL））(25)の第一部および第二部を作成した。これは拘束力を持たない法的準則であって、同じように、条文形式で注釈が追加されており、ユニドロワによる国際商事契約のための諸原則に対応するものである。第三部が出されたのは二〇〇三年であった(26)。ヨーロッパ契約法の諸原則は主要な部分において国際商事契約のための諸原則の場合と類似した分野を対象としており、将来の改定作業を通じてさらに補充されることになっている。

3　その他の作業グループ

前述の委員会のほかにも、ヨーロッパ契約法についての研究作業や拘束力を持たないヨーロッパ民事法の立案に集中的に取り組んでいる作業グループがある[27]。それとして挙げられるのは「共通中核部分立法プロジェクト（Common Core Project）」であり、これは「Trento-Group」という別名でも知られ、マウロ・ブッサーニ（Mauro Bussani）とウーゴ・マッティ（Ugo Mattei）に率いられている[28]。中心になっている学者の研究対象はヨーロッパ法体系の「共通中核部分（Common Core）」である。この作業グループはヨーロッパ法体系の信頼できる全般的「地図」を作成しようとしており、こうした措置は概して共通ヨーロッパ法文化の一部を創設するものと考えられている。その際、この作業グループは、アンケート用紙への記入によって捉えることのできる事実上の手がかりを得ようとしている。その目的は、個々のアンケート受取人が自己の属する法体系の「あらゆる法的な形式性・特殊性」を考慮できるよう保障することにある。

イタリア人学者によるもうひとつの作業グループはジュゼッペ・ガンドルフィ（Giuseppe Gandolfi）により設けられたもので、その目的はイタリア法に基礎を置く草案を作成することにある（Pavia-Group）。これと同様に、ヨーロッパ連合のほぼすべての加盟国の出身者たる学者による重要なグループが「全ＥＣ法体系考慮グループ（Acquis Group）」で、このグループはすでに現存する共同体の立法と判例法の研究を通じて、すべてを包括する法構造と諸原則を集約できるような基礎的原理を発展させようとしている。[29] 最後に、クリスティアン・フォン・バール（Christian von Bar）を代表者とする「ヨーロッパ民事法に関する研究グループ（Study Group on a European Civil Code）」も挙げられるべきであろう。[30] この提案の前提には、ヨーロッパ連合全体に基礎を置く、比較法研究を行っている学者のネットワークがある。たとえここに取り上げたものが現に存在するすべての作業グループおよび研究グループの活動全体を反映していないとしても、それでもなお、前述したものはいずれも、ヨーロッパ契約法の研究を取り上げた最も重要な提案である。

(22) UNIDROITについて参照されるのは http://www.unidroit.org/である。
(23) *International Institute for the Unification of Private Law* (ed.), Principles of international commercial contracts, Rome (2004).
(24) ヨーロッパ委員会に関する情報について参照されるのは、http://frontpage.cbs.dk/law/commission_on_european_contract_law/index.htmlである。
(25) *Lando/Beale* (eds.), Principles of European Contract Law – Part I & II, The Hague (1999).
(26) *Lando/Clive/Prum/Zimmermann* (eds.), Principles of European Contract Law – Part III, The Hague (2003).
(27) 各グループについて概観を行っているのが、*Hartkamp* (前注(15)), S. 6-13. の場合である。
(28) 参照されるのは、http://www.jus.unitn.it/dsg/common-core/home.htmlである。
(29) 参照されるのは、http://www.acquis-group.orgである。
(30) この委員会に関する情報について参照されるのは、その公式のインターネットサイトである http://www.sgecc.net/ である。

4　ヨーロッパにおける各固有法の発展にとって、これらの原則はどのような意味を有するか

これらの作業グループがさまざまな努力を行ってきたにも拘わらず、これらのグループがどのような方法でヨーロッパ法の統一に役立ち得るのかという点はまだ解明されていない。最初の頃、基本的な法原則の作成は、たとえそれらに対する判断内容が時の経過とともに変わっていったにしても、あまり実際的有用性を持たないプロジェクトであると評価されていた。こんにちでは多くの者がこれらのプロジェクトを——少なくとも契約法に関する限り——ヨーロッパ民事法の先駆者であるとみなしている。ヨーロッパ民事法は、権限あるヨーロッパ連合諸機関の行為に基づいて拘束力を有する地位を獲得している[31]。少なくとも、いろいろなプロジェクトが存在するという事実が、それだけで、ヨーロッパの法体系を理性的判断のもとで妥協させることができる旨を証明している。

このほか、すでに公表されてきた諸原則によって多くの目的が達成されている。たとえば、規則や法律が欠けている場合、これらの原則はモデル法として役に立つし、改正を志向する国内立法者にヒントを与え、また裁判官に対して追加的法源を提供することができよう。これらの原則は、さらに、国際契約当事者により、それぞれ準拠法として選択される余地もある[32]。

いろいろなプロジェクトの間での協力だけを取り上げていたのでは、個別具体的事案で裁判官、立法者、それに契約当事者がどのような具体的原則に言及すべきかがなお明らかではないように思われる。しかし、この点も、最終的に、克服できない障害とみなされるわけではない。というのは、多くのプロジェクトは、同時に、ヨーロッパ法文化

創設の表現ともなっているからである——ここにいうヨーロッパ法文化は、たとえそれが一国内での立法過程に付随する強制の枠外で現れるとしても、それでも、ヨーロッパ域内市場を通じて形成されかつ決定的な力を持つようになっている。こうして、これらのプロジェクトおよび作業グループが契約法上のいろいろな問題を解決するために発展させてきたさまざまな成果は、以上のところから明らかなように、さほど異なるものでもない。このことは、これらのプロジェクトおよび作業グループが相互に頻繁に支え合い、相互に補充し合うものと考えられているということによっても示されている。[33]

(31) *Hartkamp*（前注(15)), S. 8; *Smit*（前注(15)), S. 331.
(32) *Hartkamp*（前注(15)), S. 8; *Schulze*, The Acquis Communautaire and the Development of European Contract Law, in: Schulze et al. (eds.), "Information Requirements and Formation of Contract in the Acquis Communautaire", Tübingen (2003), S. 15 (18). その後の経緯について概観を行っているものとして、*Hartkamp*, Principles of Contract Law, in: Hartkamp et al. (eds.), "Towards a European Civil Code", 3. Aufl., Nijmegen (2004), S. 125 (128 ff.).
(33) *Berger*, The Principles of European Contract Law and the concept of the "Creeping Codification" of law, European Review of Private Law, Vol. 9 (2001), S. 21 (27).

V ヨーロッパ契約法をめぐる公的な諸努力

たとえ学者、弁護士およびその他の実務家が統一過程に関する討議のために計り知れないほどの貢献を行ってきたとしても、それでも、拘束力を有する規律を行うこと自体は、唯一、ヨーロッパ連合の権限である。確かに、これらの作業グループはいずれもすでに一九八〇年代初頭に作業を開始していた。もちろん、ヨーロッパ連合は、この主題をみずから引き受ける必要性を長期にわたりはっきりと意識していた[34]。最初の決議はすでに一九八九年にヨーロッパ議会により作成され、それに続けて第二の決議が一九九四年に作成された。しかしながら、ヨーロッパ委員会がヨーロッパ契約法に関する第一次通知を公表し、そしてヨーロッパ連合のその他の諸機関、たとえばヨーロッパ議会やヨーロッパ連合理事会がそれらに答える契機を得るまでに、さらに七年の歳月が流れた。この時点から、作業過程のスピードは一層早まった。二〇〇三年にヨーロッパ委員会はヨーロッパ契約法に関するその後の通知を公表した。この通知は特に、ヨーロッパ委員会がみずから請け負った、多数の態度表明に関するものであった。これがまたたくさんの反応を呼び起こし、その結果、新しい説明が必要になった。そうした説明は最終的に二〇〇四年に行われた。

1　最初の公的な歩み

a　ヨーロッパ議会の諸決議（一九八九／一九九四年）

こうした発展にとって小さな――それでも注目に値する――正式の手がかりは一九八九年のヨーロッパ議会決議であった。この決議により、ヨーロッパ委員会は、ヨーロッパ民事法の作成に関する作業をみずから開始する契機を手に入れることとなった[35]。しかしながら、この決議に対しては、その重要性にも拘わらず、あまり注意が向けられなかった。誰もがこの決議に応える契機を見出さなかったためであろうが、当該決議の名宛人たるヨーロッパ委員会、ヨーロッパ連合理事会、それに加盟国政府は、いずれもこの決議をまったく心に留めようとはしなかったようにみえる。

ヨーロッパ議会は、すでに一九八九年に行われていた、加盟諸国の特定の私法分野の調和に関する決議を一九九四年に確認していた[36]。この決議は前文において、ヨーロッパ連合が特定の私法分野の調和を求めてすでに先頭を歩んでいるが、しかし他方では、共通ヨーロッパ市場実現にとって広範な調和がなお絶対的に必要とされているということによって、自己の正統性を主張していた。そこで達成目標とされているのは「共通ヨーロッパ私法」を発展させることである。共通ヨーロッパ私法は、広く行われている、加盟諸国の諸規定への漸進的接近を図るいろいろな段階において、短期的にはすでに部分的な調和をもたらしており、それに続けて広範囲にわたって長期的な調和をもたらすはずである。ヨーロッパ議会は、最初の一歩として、統一するのに特に適した各主題分野を解明しかつその後の活動のための予定表を提案できる、ヨーロッパ出身の学者から成る準備委員会の設置を求めた。これに関連してヨーロッパ議会が言及した組織は、その時点ですでに法の統一と取り組んでいたユニドロワ委員会とランドー委員会であった。それにも拘わらず、改めてこの点について特に記すほどの反応は得られなかった。

b　タンペレ（一九九九年）におけるヨーロッパ連合理事会

これらヨーロッパ議会の提案に引き続いて、もうひとつ別の提案がヨーロッパ連合理事会により行われた。同理事会は、一九九九年一〇月一五日および一六日にフィンランドのタンペレで行われた特別会期の協議事項リストに、ヨーロッパ民事法の調整を取り入れた。同理事会は、特に、加盟諸国の民事法における法調整の必要性に関する包括的研究を求めたが、その目的は、民事手続の通常の動きの枠内で障害を取り除くことにあった[37]。こうした要求が特別会期の結果全体に対して占める比率がごくわずかなものであるに過ぎないとしても、それでも、この要求はヨーロッパ議会が行ってきたさまざまな努力よりも格段に重要な影響を及ぼしていたように思われる。というのは、このようにして初めて、ヨーロッパ委員会が反応を示すこととなったからである[38]。

2　ヨーロッパ委員会による第一次通知（二〇〇一年）と態度表明

a　通知の内容

ヨーロッパ委員会は二〇〇一年七月にヨーロッパ契約法についての通知を公表した[39]。これによって、討議は、ヨーロッパ議会、理事会、そしてあらゆる利害関係者を取り込んで、すなわち、経済界、実務・理論の両分野の法律家、それに消費者団体を取り込んで、一層深められることとなった。これにより、私法分野でヨーロッパ連合が広範囲にわたって行う措置の需要に関する情報が集められるはずであった。ヨーロッパ委員会は、ヨーロッパ私法における状況が——法の調和が指令を介して加盟国の選択により行われることに起因して——不透明であるところから、こうした一歩を踏み出すことが必要であると強く考えていた。というのは、個別的事案に即して措置をとる場合には、おそらくすべての問題を解決することができないはずだからである。

こうして、ヨーロッパ委員会は、そもそも加盟諸国の契約法に違いがあることから問題が生じているか、もしそうであるとすればどのような問題が生じているのかについての情報を集めた。ヨーロッパ委員会が特に解答を求めた問題は、国境を越える契約の締結ならびにそうした契約の解釈および適用との関連で生じる諸問題を通じて域内市場の正常な機能が損なわれているか否か、加盟諸国の契約法にみられる相違が国境を越える取引の締結を妨げているか否か、またコストが一層かかるようになっているか否かといった点である。[40] このようにみると、最初に挙げた問題は、この分野でのヨーロッパ連合の権限に関してこの間に提起された疑念を取り除くために、ヨーロッパ委員会によって特に喚起されたものであるように思われる。[41]

具体的な諸問題が示されたところから、当該問題をどのようにすれば解決できるかについての態度表明を行うべく、ヨーロッパ委員会は適任者を招請した。これに加えて、考えられる解決策を仕上げるため、そして討議を刺激するための補助的な対策として、同委員会は、最終的なものではないが、想定し得る解決策のリスト作りを開始した。むろん、その他に提出されるどの解決提案も歓迎される旨が付記された。可能性のある方法としてそうしたリストに挙げられているのは、以下のものである。

- 選択肢Ⅰ―確認された問題の解決策を市場に委ねる。
- 選択肢Ⅱ―契約当事者が契約書の作成に際して、国内の裁判所や仲裁法廷がその判断に際して、また国内の立法者が法案の作成に際して、それぞれ依拠することができるような、拘束力のない共通契約法原則作成の促進。
- 選択肢Ⅲ―法規公布時点でまだ予見できなかったような具体的状況をも把握することができるようにするため、統一や適応を目標とした、現行のヨーロッパ共同体契約法の改定および改正。
- 選択肢Ⅳ―ヨーロッパ共同体の次元での新しい法規の公布。その際、相互に結合することができる要素として、①適切な手段の選択（規則、指令または勧告）、②国内法に対する関係（国内法に代替するか国内法と平行して適用されるか）、③強行規定の必要性の範囲、④契約当事者による、ヨーロッパ共同体規定の選択可能性かまたは当事者が具体的な解決策を合意していなかった場合について拠り所となる規定のセーフティネットの形式でのヨーロッパ連合規定の自動的適用可能性、これら四つが挙げられている。

b　態度表明

通知およびそこで提案されている解決策は、進行する協議のひとつの段階を示すものである[42]。ヨーロッパの諸機関を除き、多くの政府、企業、実務についている弁護士、それに学者が態度表明を行っているが、顕著なのは特にドイツ、イギリス、イタリアおよびベルギーからのものである。これらは、基本的に、ヨーロッパ私法のさらなる発展が望ましいという点において一致している[43]。

(a)　共同体機関の態度表明

公的な態度表明は、理事会、ヨーロッパ議会および経済社会委員会により行われている[44]。理事会の態度表明は、統一的関連性をより大規模にする必要性および、現に行われている acquis communautaire（ヨーロッパ共同体・ヨーロッパ連合両条約の他の規定に基づいて採択された措置全体を尊重する態度）、それゆえすでに存在する共同体法の改正を強調していた。これを除けば、理事会はどちらかといえば水平的に整理された調和の試みを支持していた。ヨーロッパ議会は、指令が互いに十分に同調していないこと、そして指令を各国私法秩序と協力させる場合にさまざまな問題が提起されること、これらを批判していた[45]。ヨーロッパ議会が求めていたのは、いろいろな規定を適用する場合に統一性を高めることであった。しかしながら、ヨーロッパ議会の決議の中心にあったのは、詳細なアクションプランを、実行に移すため意欲的な日程表を添えて仕上げるようにという委員会への要求であった。こうしたアクションプランの個々の歩みは、時間的段階（短期、中期、長期）に応じて整序されており、そして二〇一〇年以降の、契約法に関するルールの包括的な作品の構築と可決をもたらすはずである。経済社会委員会はその態度表明において、規則の形式でのヨーロッパ契約法の可決を最善の解決策であるとして支持していた[46]。同委員会は、中期的には、契約当事者が契約準拠法として定義することのできる、選択可能性を伴ったひとつのモデルを優先していた。このことは、長期的にみると、今後継続して、Opt out モデル、つまり、国内法に有利になるように契約当事者が規則を失効させることができるモデルを発展させることとなろう。

(b)「ステークホルダー」の態度表明

このほか、ステークホルダーによるたくさんの態度表明がある。それらの中には直接にヨーロッパ委員会宛に送られたもの[47]もあれば、条文の形式や討議のための論文の形式をとって会議で公表されたもの[48]もある。その際、選択肢Ⅰ、つまり解決策を市場に委ねることに賛成していたものはごく少数であった。これとは逆に、選択肢Ⅱ（拘束力を持たない共通契約法原則作成の促進）は広範囲にわたる同意を見出している。さらに、圧倒的多数は選択肢Ⅲ（統一や適応を目標とした、現行のヨーロッパ共同体契約法の改定および改正）にも賛成していた。最後に、――少なくともこの時点で――選択肢Ⅳ（ヨーロッパ共同体の次元での新しい法規の公布）に賛成する者は半数もいなかった[49]。

3　ヨーロッパ委員会による第二次通知（二〇〇三年）と態度表明

a　通知の内容

ヨーロッパ契約法に関する討議がヨーロッパ委員会の最初の通知に応じて推進力として重要な刺激を得た後、次の歩みまでに要した時間はさほど多くない。委員会は二〇〇三年二月に統一的関連性のあるヨーロッパ契約法のためのアクションプラン(50)を公表した。初めに、すでに行われた態度表明の結果が要約された。これに基づいて、ヨーロッパ委員会は、その他の措置がどのようにみえるかについての提案を行った。この通知は、第一次通知後に行われた協議プロセスの結果を、つまり、現在行われている専門分野別の手がかりを放棄する必要性、さらにこれを指令の形式で取り扱う必要性がまったくないことを確認するものであった。それでいて、この通知では、このプロセスの枠内で明示された諸問題、特にヨーロッパ共同体契約法の統一的適用の必要性と域内市場のスムースな機能に関わる諸問題の要約も行われている。

こうして、ヨーロッパ委員会はそうした問題を解決するためのアクションプランを、つまり以下の各号に掲げる事項をめぐって、時期的に短期、中期および長期の措置に応じて整理されたリストを提案している。

- 契約法領域でのヨーロッパ共同体法の統一的関連性を高めること、
- ヨーロッパ連合規模での広がりを有する普通取引約款の作成を促進すること、および
- ヨーロッパ契約法上の諸問題がたとえば選択の余地のある法的手段のような、専門分野別ではない解決策を必要

とするか否かを詳しく研究すること。

最初に掲げた措置に関して、ヨーロッパ委員会が意図していたのは、共同体報告枠組（Gemeinsamer Referenzrahmen；Common Frame of Reference）の作成であった。この枠組は共通の用語法とルールのための最善の解決法を用意することを目指したものであった。この枠組は公式にアクセスできる文書であり、この文書は共同体加盟諸国のすべての言語で翻訳され、とりわけ二つの目標を追求するものとされていた。すなわち、一方において、この共同体報告枠組はやはり法の統一に寄与することができる。たとえば、現在のヨーロッパ共同体契約法を審査することは、明らかにされた不一致を除去し、草案の質を改善し、現存する諸規定を簡素化し、そして簡明に形成することができよう。これに加えて、この報告枠組は、諸法規をその後の段階における経済・企業の発展――そうした発展は公布当時には予測することができなかったものである――に適応させることができ、また適用上の諸問題をもたらすような、ヨーロッパ共同体法における欠缺を埋めることができよう。補足すれば、この枠組は、一国内の立法者にとってもヨーロッパ共同体法上の立法者にとっても、着想をもたらす共通の源泉として用いることができる。他方において、これは、同時に、ヨーロッパ契約法の内部におけるその他の法的手段を利用するか否かに関して、さらに熟慮するための基盤となり得よう。

ヨーロッパ委員会は、契約法のための、ヨーロッパ規模での一般的用語法の作成を構想し、それゆえ、ヨーロッパ連合の次元でおよび加盟諸国の次元でそれぞれ現に存在している提案および今後計画される提案をもって情報交換を行おうとした。こうして、ヨーロッパ委員会は、利害関係を有するステークホルダーが自己の責任において情報を交換できるようなインターネットサイトの開設を提案した(51)。このほか、同委員会は、共同体報告枠組の適用可能性の限界を明らかにするような、諸基準を公表しようとした。最後に、同委員会は、第三のテーマ分野に関して、それゆえ、どのような問題が、時として専門分野別ではない解決策を必要とする可能性があるかという論点に関して態度表明を求めるよう、繰り返し要請した[52]。二〇〇一年の通知と比べて注目されるのは、このアクションプランが当初は選択肢Ⅰと選択肢Ⅱを追求していながら、他方、長期的に考えると、選択肢Ⅳを選択の余地がある法的手段の形式として引き続き追求していたという点である。

b　態度表明

二〇〇一年通知の場合とまったく同様に、このアクションプランにより、広い適用範囲を有する協議手続が開始された。ヨーロッパ連合の諸機関、たとえば理事会やヨーロッパ議会の決議のほか、数百件にも上る、ステークホルダーの態度表明が登録された。それらは協議期間内にヨーロッパ連合に直接に送られたり[53]、また専門雑誌に公表されたりした[54]。

(a)　共同体諸機関の態度表明

理事会が二〇〇三年九月に可決した[55]決議をみると、アクションプランおよびこれと結び付けられたさまざまなプランがヨーロッパ委員会により歓迎されていることがわかる[56]。一般的にいえば、理事会は、域内市場で国境を越える取引をスムースかつ効果的に行えるよう保障すること、そして、国境を越えた契約の締結を容易にしかつ取引のコストを引き下げるために、適切かつ妥当な措置をとること、これらがいかに重要であるかを強調していた。

アクションプランで提案されている具体的な措置に関して、共同体報告枠組を作成するという委員会の意図を理事会は歓迎していた。というのは、この枠組が、共同体の現行および将来の法規の質と統一的関連性を改善することに役立つからである。けれども、理事会は、この報告枠組が域内市場の所与の条件ならびに経済界および消費者の実際の必要性に適応していること、そのためにこれらの措置を起草し完成させる過程に加盟諸国を積極的に参加させること、これらを詳しく論じていた。それゆえ、理事会は委員会に対して、加盟諸国、理事会、ヨーロッパ議会、学者、実務家およびその他のステークホルダーを共同体報告枠組の創設に積極的に協力することができるような状況に置くため、政策決定レヴェルでも専門家レヴェルでも適切な機構を設けることを求めた。

ヨーロッパ規模で適用される標準契約条件作成の促進に関して、理事会は、そうした条件は有益ではあり得るものの、しかし、契約当事者自身により発展させられ、消費者保護や消費者情報に関する諸規定を含めて、共同体法および国家法上の強行法規と調和するものでなければならないということを強調していた。最後に、理事会は、選択の余地のある法的手段の必要性に関して、委員会が考慮を続けるべきであること、その際にそのことが加盟諸国と緊密な協調のもとに行われかつ契約自由の原則が適切に顧慮されるべきこと、これらをも強調していた。

ヨーロッパ議会はこれと同じ時期に(57)、このアクションプランが特に基本的なコンセプトや典型的な諸問題について共通の用語法を規定していることを同議会が歓迎している旨の決議を可決した(58)。けれども、同議会は、ヨーロッパ委員会が何ら具体的な措置を提案しておらず、今後数年間分の詳細な日程表を提案したにとどまる点を批判した。それゆえ、議会は委員会に対して、共同体報告枠組を発展させるよう優先的に取り組むこと、それを二〇〇六年末までに終わらせること、そして遅滞なく導入すること、これらを喚起した。さらに、ヨーロッパ議会は、理事会、ヨーロッパ議会および委員会、これら三者間での討議を求めるとともに、共同体報告枠組作成過程に法実務の代表者を参加させることも求めた。ヨーロッパ議会は、たとえば消費者取引や保険のような特定の分野でこのような手段を創設するための早期の措置がとられなかったことを遺憾とした。ヨーロッパ議会の見方では、これらの分野での早期の活動がアクションプランのプロセス全体を支えることに役立つと考えられていたからである。

(b) ステークホルダーの態度表明

ここでも、政府、経済界、消費者団体、実務家、そして特に学界から大きな反響があった[59]。その大多数は、第一次提案措置に、それゆえ、特に共同体報告枠組の作成を通じて行われる、ヨーロッパ共同体契約法の統一的関連性の改善に賛成するものであった。しかし、若干の解答は共同体報告枠組の法的性質や拘束力に関する問題を提起するものであった。かなりの意見は共同体報告枠組が、委員会通知の第三提案に対応して、選択の余地がある法的手段を発展させるための基礎として使うことができるというチャンスがあることを強調していた。共同体報告枠組に盛り込まれる内容やその構成に関しては、多くの関係者が、その中核的要素が頻繁に用いられている用語法や定義のカタログとなっていることを論証していた。

ヨーロッパ規模での標準契約条件作成の促進というアイディアに対する関係者の反応は一様ではない。多くの関係者は、域内市場の障壁を回避する際にこのような標準契約条件の実際的な有用性および実効性に疑念を抱くか、少なくともこのような契約条件が消費者にとり適切な保護をもたらし得る潜在的可能性があるかどうかにつき疑問を抱いていた。共通民事法の規模に関しても異なる見解が述べられていた。関係者の幾人かが、あらゆる種類の契約に関わる基本的諸規定と、国境を越える取引について重要な特別の諸規定とから成る包括的な法律を作成することを提案していたのに対し、他の者は、選択の余地がある法的手段を基本的諸規定に制限したりヨーロッパ共同体契約法上現に存在する諸問題に限定したりすることを優先させていた。さらに、このような手段が国境を越える取引にのみ関わるのかそれとも国内取引にも関わるのかという問題も提起された。このルールの法的拘束力と選択的性質に関しては、多くの態度表明が指令の形式での選択可能性を伴う試みに賛同していたが、他の者は、移行段階を経た後にこうした可能性を一様に Opt out 手続に置き換えることを提案していた。それにも拘わらず、多数の者は弱い地位にある契約当事者、特に消費者を保護するための強行規定に賛成していた。このほか、多くの者は、その他の手段、特にローマ条約[60]や国連動産売買法との調整を求めていた。さらに、これらと並んで、このような措置をとることについてヨーロッパ連合に権限があるか否かにつき原理的な疑念を述べる意見もあった。

このように全般にわたって相違があるが、全体としていえば、どの関係者にとってもこの主題に関する関心が高まっていることが確認される。それゆえ、多くの分野でおそらくは妥協が行われたであろうことが読み取れる。

4　ヨーロッパ委員会による第三次通知（二〇〇四年）と態度表明

a　通知の内容

これらの態度表明を受けて、ヨーロッパ委員会は二〇〇四年一〇月に、二〇〇三年のアクションプランを受け継いだ続編として、ひとつのペーパーを公表した[61]。この通知は提案された諸措置について詳しく説明し、そして考え得るその他のやり方をも示していた。この通知では特にアクションプランの最初の措置、つまりヨーロッパ共同体契約法における到達状況の統一的関連性の改善と共同体報告枠組の作成とが集中的に取り上げられていた。

ヨーロッパ委員会は共同体報告枠組の完成を目指してさらに作業を進める意思を強調した。最初に現行法上のさまざまな問題のカテゴリーが整理され、そして現行の指令を変更する必要性の有無につき審査することが要請された。そうすることが適切であるとされるときは、共同体報告枠組が現在の到達状況の質および統一的関連性を改善するための諸提案および将来の契約法的手段を用意する際にヨーロッパ連合のすべての機関により考慮されるものとされた。共同体報告枠組は、ヨーロッパ委員会の構想に基づき、ヨーロッパ共同体契約法の共通到達状況に立脚する、契約法上の法律概念、基本的諸原理および統一的関連性を有するモデル規定、これらの明確な定義を含むものである。ヨーロッパ委員会は、いろいろな法分野の審査が示しているように、現在の消費者法に対する検討を例としつつ、問題点のカタログを示すことにより二〇〇六年末までに、基準となる措置を明示することを予定している。さらに、同委員会は、共同体報告枠組として考え得る構成[62]と内容を提案した。その際、同委員会は、消費者契約の意義と、報告者枠組を国連動産売買法と調整させる必要性とを強調した。

共同体報告枠組についてのこうした内容的諸問題のほか、同委員会はさらに、作成のプロセスにも集中的に取り組んだ。このプロセスは二つの段階に区分することができる。第一段階は、ヨーロッパ委員会から資金の提供を受けた「研究および技術的発展のための第六枠組プログラム」による準備措置とこれに付随して行われる協議プロセスとである。ヨーロッパ委員会は、実際に十分使えるかどうかのテストをも含めて、共同体報告枠組の作成にとって必要なすべてのデータを備えた最終報告書を二〇〇七年までに完成するよう希望していた。これに引き続く第二段階、それゆえ共同体報告枠組のヨーロッパ委員会による可決は二〇〇九年に行われる予定である。

この通知は、また、第一段階を重点的に取り上げるとともに、それと同時に現れる協議プロセスの必要性を特に指摘していた。そこでは統合に至る複数の道筋が提案されている。(1)まず、第六枠組プログラムの枠内で融資を受けた共同体ネットワーク、つまり共同体報告枠組のための基礎として準備作業を完了すること、しかもその際特に「ヨーロッパ契約法共通諸原則」を利用すること、これら二つの課題を与えられたこのネットワークと提携することが学界に対して提案された。(2)これに加えて、ステークホルダーのためのネットワークの形成も推奨された。このため、ヨーロッパ委員会はこうした内容の布告をすでに二〇〇四年七月に発することによってこれに対応するよう要請した。(63)前述の専門家は、その際、準備作業に携わり、ヨーロッパ委員会により用意されたインターネットサイトを介して相互に討議し、その後ワークショップにおいて共同体ネットワークの研究者たちと話し合うものとされた。(3)最後に、第三の道筋は、加盟諸国およびヨーロッパ議会の十分な政治的参加を確保するための、各加盟国出身の専門家のネットワークの設置に関する。この場合にも、ヨーロッパ委員会は、討議のプロセスを促進するために、定期的に開催されるワークショップを開くよう求めた。最後に、毎年開催される会議によって、ステークホルダー専門家ネットワークのメンバーと各加盟国出身専門家との間で意見交換を図る可能性が用意されることになっている。

ヨーロッパ規模で統一された標準契約条件の利用の促進（アクションプランの第二の措置）に関して、ヨーロッパ委員会が特に引き出した結論は、このアクションプランがすでに現在ある可能性を周知させるという長所を示しており、したがって、このようなプロセスに向けてその後の措置をとり考慮を払うよう求めるというものであった。個別的にみると、ヨーロッパ委員会は、市場参加者が目下のところ利用しているかまたは現在計画されている、ヨーロッパ規模での統一的な標準契約条件についての情報を交換することができるようなインターネットサイトを用意することを計画している。その際、インターネットサイトで公表される情報についての責任はそうした情報を用意する当事者のみが負うものとされている。このほか、ヨーロッパ委員会は、この時点では、標準契約条件の発展および利用に関して、明確に区分された基準の公表が考えられていない旨を強調していた。

専門分野別の試みがこれまで何の問題ももたらしていなかったことをヨーロッパ委員会は確認していたが、同委員会は、選択の余地がある法的手段が引き続き協議事項リストに載せられていることについても同じように確認していた。このことから、同委員会は、このような法的手段が時宜にかなっているかどうかについて審議する適切な機会を設けるよう、提案した。このような措置の必要性について省察を加えるための、ある種のパラメーターは、アクションプランとヨーロッパ委員会の独自の諸考慮、たとえば消費者との取引と企業間取引や公的機関との取引との区別が必要だという考慮に基づいて、ヨーロッパ委員会を通じてすでに前もって与えられている。後の議論の過程でできる限り顧慮されるべき特定のパラメーターを掲げた詳細なリストがヨーロッパ委員会により通知の別表として公表されている。(64)

b　態度表明

これまでのところ、二〇〇四年の通知に対しては、ヨーロッパ連合諸機関およびステークホルダーによる態度表明が相当数存在する。

(a)　共同体諸機関による態度表明

競争力に関する理事会は、第三次通知に関して結論を公表した。(65) 考慮を要する要素のひとつは、共同体の到達状況改定結果についての準備作業の意味の承認であり、他のそれは、「ヨーロッパ民事法」という統一法を採用せず加盟諸国の相異なる法的伝統を完全に顧慮するというヨーロッパ委員会の意図である。同理事会は、消費者保護の実効性を高めるという理由で企業・消費者間契約（business-to-consumer-Verträge（B2C））と企業間契約（business-to-business-Verträge（B2B））との区別が必要なものとして承認されるという点を特に重視した。

ヨーロッパ議会は――二〇〇五年七月二八日の法務委員会報告書案(66)に基づいて――二〇〇六年三月二日にまずひとつの報告書(67)を、次いで二〇〇六年三月二三日に「ヨーロッパ契約法および共同体の到達状況改定についての決議――

さらなる措置」[68]を公表した。同議会は、契約の自由という根本的な民事法上の原理に特に着眼した上で、適切な消費者保護水準を確保するために、企業間での法律関係と企業・消費者間の法律関係との体系的区別に向けて突破口を開くようにという要求をつきつけた。他方で、ヨーロッパ議会は、経済法が大企業のほかに中小企業にも関連していること、そして中小企業の利益も大企業の利益と同様に顧慮されなければならないことを強調した。さらに、この決議では、詳細な法規を作成することは契約法のダイナミックな発展にとって障害となり得るという懸念を明らかにした。共同体報告枠組の法的拘束力に関しては依然として不確実なままであり、選択の余地がある法的手段に関して前述の権限問題があることはいうまでもないといった点も批判されている。最後に、ヨーロッパ議会は、ワークショップとヨーロッパ連合の種々の機関との間で情報交換および協議のプロセスを機能させる必要性を強調し、また、ヨーロッパ委員会に対して、その後の措置をとる前にヨーロッパ議会と協議するだけでなく、その他の関係者をできる限り広く上記のプロセスに巻き込むよう、注意を喚起した。

(b) ステークホルダーの態度表明

共同体ネットワークの準備作業(これについては、後述c)のほかにも、二〇〇四年の通知後に、たとえこの通知に対する態度表明を直接に行ってはいないとしても、ヨーロッパ契約法の統一を取り上げた多数の論文が専門雑誌に公表された[69]。刊行されたもののいくつかは、この通知について記述したり注釈をつけたりすることで満足しているが[70]、他の論文は、特別の内容的諸問題を取り扱ったり、一体どのような根拠に基づいて共同体報告枠組やヨーロッパ契約法上の選択の余地がある法的手段が、たとえば権限に関する規定[71]や契約以前の義務に関する規定[72]のような、まさしく当該領域に関連する法規なしでやっていくことができないのかという点について論拠を伴う理由づけを試みたりしている。いくつかの論文はさらに「ヨーロッパ契約法」作成に関するヨーロッパ連合の権限問題を改めて取り上げている。[73] しかしながら、依然として、多くは、二〇〇四年の通知に基づく措置についてすでに顧慮されている態度表明に対して意見を述べているようにみえる。

c　ヨーロッパ共同体のネットワークによるヨーロッパ私法についての研究

二〇〇五年五月に、それまでやはりヨーロッパ私法の作成と取り組んでいたいくつもの研究者グループがヨーロッパ委員会の呼びかけに応えて――ヨーロッパ全域にわたって諸大学、諸研究機関および各研究者と共同で――ヨーロッパ私法についての共同体ネットワークを作り上げた。[74] このグループの任務は、各専門家グループのワークショップのための基礎として用いられるような、共同体報告枠組提案を作成することであった。このネットワークの設立団体として特に挙げられるのは、「ヨーロッパ民事法に関する研究グループ（Study Group on a European Civil Code）」、「全EC法体系考慮グループ（Acquis Group）」、「共通中核部分立法プロジェクト（Common Core Project）」、そして「ヨーロッパ法アカデミー（Academy of European Law）」、これらである。[75]

このグループから生まれた提案は「ヨーロッパ契約法共通諸原則」という形式で表現されている（Common Principles of European Contract Law (CoPECL)）。そこには、定義、原則を成すコンセプト、法規、これらも含まれている。その際、ヨーロッパ契約法共通諸原則は、注釈、比較法的記載および評価を伴う分析――この分析には、とりわけ経済的効果に対する評価、哲学的基礎に対する判断、諸原則の適用に関する、多数の事案に即した価値判断の集積、これらが含まれている――によって補充されている。定義、原則を成すコンセプト、法規、これらを含む、ヨーロッパ契約法共通諸原則の第一次草案は二〇〇七年末に公表される予定である。これに参加している諸組織の研究者は、ほぼ毎月のように、ヨーロッパ委員会により開催されているワークショップで話し合いを行っている。これらのグループは、各参加者の研究分野に応じて、共同体報告枠組のための特別の研究プロジェクトにそれぞれ集中して取り組んでいる（たとえば、サーヴィス契約、不当利得法、代理）[(76)]。さらに、ヨーロッパ法アカデミーは二〇〇五年一一月と二〇〇六年四月に共同体報告枠組の特定のテーマ領域に関する会議を開催した。共同体ネットワークの研究者たちは、二〇〇五年九月には理事会議長職に就いたイギリスのプログラムの枠内で、また二〇〇六年五月には理事会議長職に就いたオーストリアのプログラムの枠内で、上記の会議に参加した。

d　ヨーロッパ共同体のネットワークによる共同体報告枠組についての研究

すでに二〇〇四年の通知において計画されていたように、共同体報告枠組についてのネットワーク（加盟諸国の専門家から成るネットワーク[(77)]およびステークホルダー集団出身の専門家によるネットワーク[(78)]）もそれぞれの作業を開始した[(79)]。その際、これらの参加者による最初の専門家会合は、主に、共同体報告枠組の目標および作成の形式的手続に関する基本的な諸問題を明らかにすることに利用された。その後、第二回会合において、ヨーロッパ委員会は専門家たちに対し、共同体の到達状況の、現に進行中の修正手続について情報を提供した。この情報には、指令の加盟諸国における置き換えが異なって行われることから生じる矛盾――そうした矛盾はすでにこれまでに共同体ネットワークの研究者たちにより明らかにされている――が含まれている。さらに、共同体報告枠組の第一目標、すなわち、将来的に統一的関連性を有する法的措置のための道具として用いるという目標がその基本的特質において明らかにされ、そして、加盟諸国出身の専門家による作業の内容もそれぞれの問題に対する一連の解答の中で特に明確にされた。この日まで、ステークホルダーのネットワークは二〇〇四年一二月の会議の一回しか開かれていない[80]。この会議の議事日程に挙げられた主要な論点は、ヨーロッパ契約法の発展に関する参加者の情報、共同体枠組報告作成プロセスの実際の組織、とりわけ共同体報告枠組を選択の余地がある法的手段と区別するための、内容的諸問題および法的拘束力の問題をめぐる討議、これらであった。内容的には、この時点で、討議されるべき三二のテーマが確認された。これら二つのネットワークは、さらに、ヨーロッパ委員会の予定表を確認し、共同体報告枠組を二〇〇七年末までに作成し終えることを予告した。その後これまでの間に、共同体ネットワークによるさらなるワークショップが二〇〇六年の九月および一二月に開かれることが予告されている。

e　二〇〇四年通知に対応したヨーロッパ委員会の諸措置

二〇〇四年の通知に基づく理事会およびヨーロッパ議会への約束を果たすため、ヨーロッパ委員会は二〇〇五年九月二三日に最初の年次改善報告書[81]を公表した。この報告書はヨーロッパ契約法についての提案の、二〇〇四年通知後の動きを要約し、この分野における最も重要な原理的テーマを素描したものである。

共同体報告枠組の準備に関していえば、この報告書はこれまで行われてきた措置を明示し、そして特に、いろいろなグループが作業を開始しかつ組織してきたそれぞれの態様を記述している。これに関連して、ヨーロッパ委員会が注意を喚起したインターネットサイトでは、すべての重要な文書、たとえば研究報告書案、注釈、そして委員会ワークショップ報告書がすべての関係者、加盟諸国の専門家およびヨーロッパ議会の利用に供されている。同報告書の他の箇所では、共同体報告枠組作成の第一段階と関連する諸問題が取り上げられている。そこで、同委員会は、共同体の到達状況を見直す場合には、ヨーロッパ共同体消費者契約法に優位が与えられなければならないことを強調している。このほか、報告書は、共同体報告枠組作成プロセスの実効性を改善するための措置を提案し、たくさんの基本的なテーマに言及している。たとえば、委員会が特に強調しているのは、（定義が専門分野による識別の必要性を気づかせるものであることを認めた上で）定義の意義であり、契約自由原則の意義であり、そして企業間契約と企業・消費者間契約との区別の適切性である。さらに、委員会は、共同体報告枠組草案が整合性を有することが決め手になる点も確認している。

同報告書のその後の章では、継続して行われている共同体到達状況改定プロセスの概略が示されている。同委員会はもともと、二〇〇六年前半にこのテーマについての包括的な報告書を公表することを予定していたが、しかし、まだそれは発表されていない。同じ章には、指令の置き換えについての最初の暫定的研究結果も含まれている。それは、これまでのところ特に価格表示(82)、仮処分(83)、パートタイム労働(84)および通信販売(85)、これらについての指令に関するものである。同報告書のその後の経緯をみると、二〇〇三年のアクションプランではまだ想定されていた点であるが、市場参加者がヨーロッパ規模で統一された標準契約条件に関する情報を交換することのできるインターネットサイトを提供することに対して、ヨーロッパ委員会が今では距離を置こうとしている旨を、同委員会は明らかにしている。最後に、ヨーロッパ委員会は契約当事者にとって選択の余地がある法的手段——これはすでに現在認められている法的手段と併用して利用できるものである——というテーマを簡潔に取り上げている。このようにして、ヨーロッパ委員会は、同委員会が少なくともある程度まではなお二〇〇三年のアクションプランに固執していることを示している。

共同体報告枠組作成に関わる手続的および実体的な問題点と共同体の到達状況改定にあたっての現状は、いずれも、理事会議長職に就いたイギリスのプログラムの枠内で同委員会により二〇〇五年九月六日にロンドンで開かれた会議の際の議事日程における主要な論点でもあった(86)。

(34) 契約法統一に関する公文書の大部分はヨーロッパ連合のインターネットサイトで見つけることができる。参照されるのは、http://europa.eu.int/comm/consumers/cons_int/safe_shop/fair_bus_pract/cont_law/index_en.htm である。
(35) ABl. EG, C 158 vom 26. Juni 1989, S. 400；一九八九年五月二六日付け決議。
(36) ABl. EG, C 205 vom 25. Juli 1994, S. 518；一九九四年五月六日付け決議。
(37) Presidency Conclusions, Tampere European Council 15 and 16 October 1999, para 39.（インターネットで利用可能なこの資料については、巻末のリスト参照。）
(38) *Heiderhoff*, Gemeinschaftsprivatrecht, München (2005), S. 222.
(39) "Mitteilung der Kommission an den Rat und das Europäische Parlament zum Europäischen Vertragsrecht" vom 11. Juli 2001, COM (2001) 398 endg；ABl. EG, C 255 vom 13. September 2001, S. 1 ff.（インターネットで利用可能なこの通知については、巻末のリスト参照。）
(40) 二〇〇一年通知の要約部分および第二三節以下。
(41) *Heiderhoff*（前注(38)), S. 223；*Hesselink*（前注(21)), S. 413.
(42) ヨーロッパ連合諸機関による公式の態度表明およびステークホルダーによる態度表明の要約版はインターネットを介して利用することができる（巻末のリスト参照）。複数の重要な態度表明に関する概要も、これらと同様に、二〇〇三年のヨーロッパ委員会アクションプランの添付資料に収録されている（後注(49)）。
(43) 二〇〇三年のヨーロッパ委員会アクションプランの添付資料第四・一節（S. 35 ff.）をみよ。
(44) これらの報告書に関するインターネットのリンクは各引用部分の添付資料にある。
(45) ABl. EG, C 140 E vom 13. Juni 2002, S. 538；二〇〇一年一一月一五日付け決議。
(46) ABl. EG, C 241 vom 7. Oktober 2002, S. 1；これは、二〇〇二年七月一七日および一八日に可決された。
(47) これらの態度表明はインターネットで利用することができる（巻末のリスト参照）。
(48) このほか、*Alpa*, Harmonisation of Contract Law and the Plan for a European Civil Code, European Business Law Review,

Vol. 15 (2004), S. 33 ff. ; *Lando/Swann/von Bar*, Communication on European Contract Law : Joint Response of the Commission on European Contract Law and the Study Group on a European Civil Code, European Review of Private Law, Vol. 10 (2002), S. 183 ff. ; *Staudenmayer*, The Commission Communication on European Contract Law : What Future for European Contract Law ?, European Review of Private Law, Vol. 10 (2002), S. 249 ff.

(49) 参照されるのは、*Staudenmayer*, The Commission Action Plan on European Contract Law, European Review of Private Law, Vol. 11 (2003), S. 113 (117 f.) である。

(50) "Mitteilung der Kommission an das Europäische Parlament und den Rat – Ein kohärenteres Europäisches Vertragsrecht – Ein Aktionsplan" vom 12. Februar 2003, COM (2003) 68 endg. ; ABl. EG, C 63 vom 15. März 2003, S. 1 ff. ; この通知はインターネットを介して利用することができる（巻末のリスト参照）。

(51) アクションプラン第八七項。

(52) アクションプランの要約（前注(49)）参照。

(53) このアクションプランに対する態度表明の要約はインターネット http://europa.eu.int/comm/consumers/cons_int/safe_shop/fair_bus_pract/cont_law/analyticaldoc_en.pdf を介して利用することができる。

(54) このほか、*von Bar/Swann*, Response to the Action Plan on European Contract Law : A More Coherenct European Contract Law (COM (2003) 63), European Review of Private Law, Vol. 11 (2003), S. 595 ff. ; *Calliess*, Coherence and Consistency in European Consumer Contract Law : a Progress Report, The European Commission's Action Plan COM(2003) 68 final and the Green Paper on the Modernisation of the 1980 Rome Convention COM (2002) 654 final, German Law Journal, Vol. 4 (2003), S. 365 ff. ; *Hesselink*（前注(21)）, S. 397 ff. ; *Kenny*, The 2003 Action Plan on European Contract Law : Is the Commission running wild ?, European Law Review, Vol. 28 (2003), S. 538 ff. ; *Lando*（前注(16)）, S. 1 ff. ; *Staudenmayer*（前注(49)）, S. 113 ff. ; *Schulze*（前注(32)）, S. 15 ff.

(55) Ratsdokument Nr. 12339/03 vom 22. September 2003 ; この理事会決議はインターネットを介して利用することができる（巻末のリスト参照）。

(56) アクションプランに対する態度表明の要約（前注(53)）、S. 1 f. 参照。

(57) Europäisches Parlament, Sitzungsdokument Nr. A5-0256/2003 vom 2. September 2003 ; ヨーロッパ議会のこの決議はインターネットを介して利用することができる（巻末のリスト参照）。

(58) アクションプランに対する態度表明の要約（前注(53))、S. 3参照。

(59) アクションプランに対する態度表明の要約（前注(53))、S. 4 ff. 参照。

(60) Convention on the law applicable to contractual obligations from 19 June 1980 (80/934/EEC)；ABl. EG, L 266 vom 9. Oktober 1980, S. 1 ff.

(61) "Mitteilung der Kommission an das Europäische Parlament und den Rat – Europäisches Vertragsrecht und Überarbeitung des gemeinschaftlichen Besitzstandes – weiteres Vorgehen" vom 11. Oktober 2004, COM (2004) 651 endg.（インターネットを介して利用することができる。巻末のリスト参照。）

(62) 二〇〇四年通知の添付資料一。

(63) Call for Expression of Interest – A network of stakeholder experts on the Common Frame of Reference；Offizielles Amtsblatt der EG, S 148 vom 31. Juli 2004.

(64) 二〇〇四年通知の添付資料二参照。

(65) 二〇〇五年一一月二八日および二九日付けのこれら最終決議に対するインターネットのリンクについては巻末のリストに収録されている。

(66) この報告書に対するインターネットのリンクについては巻末のリストに収録されている。

(67) この報告書に対するインターネットのリンクについては巻末のリストに収録されている。

(68) "Entschließung des Europäischen Parlaments zum Europäischen Vertragsrecht und zur Überarbeitung des gemeinschaftlichen Besitzstands：weiteres Vorgehen" vom 23. März 2006；この決議に対するインターネットのリンクについては巻末のリストに収録されている。

(69) このほか、*Hesselink*, Capacity and Capability in European Contract Law, European Review of Private Law, Vol. 13 (2005), S. 491 ff.；*Schulze*, Precontractual Duties and Conclusion of Contract in European Law, European Review of Private Law, Vol. 13 (2005), S. 841 ff.；*Staudenmayer*, The Way Forward in European Contract Law, European Review of Private Law, Vol. 13 (2005), S. 95 ff.；*Weatherill*, Reflections on the EC's Competence to Develop a "European Contract Law", European Review of Private Law, Vol. 13 (2005), S. 405 ff.

(70) *Staudenmayer*（前注(69)), S. 95 ff.

(71) *Hesselink*（前注(69)), S. 491 ff.

(72) *Schulze*（前注(69)）, S. 841 ff.
(73) *Weatherill*（前注(69)）, S. 405 ff.；ヨーロッパにおける調和の現状について他に参照されるものとして、*Weatherill*, Harmonisation：How Much, How Little ?, European Business Law Review, Vol. 16 (2005), S. 533 ff. がある。
(74) http://www.copecl.org/ 参照。
(75) http://www.era.int/web/en/html/index.htm をみよ。
(76) 各会議の期日およびそこで討議されたテーマについてのリストは前述のインターネットを介して利用することができる。
(77) このネットワークの参加者リストはインターネットを介して利用することができる（巻末のリスト参照）。
(78) このネットワークの参加者リストはインターネットを介して利用することができる（巻末のリスト参照）。
(79) インターネットで参照可能な種々のワークショップについての資料参照（巻末のリストをみよ）。
(80) このワークショップについての資料はインターネットを介して利用することができる（巻末のリスト参照）。
(81) "Bericht der Kommission – Erster jährlicher Fortschrittsbericht zum europäischen Vertragsrecht und zur Überprüfung des gemeinsamen Besitzstandes", COM (2005) 456 endg.；この報告書はインターネットを介して利用することができる（巻末のリスト参照）。
(82) Richtlinie 98/6/EWG (1998).
(83) Richtlinie 98/27/EWG (1998).
(84) Richtlinie 94/47/EWG (1994).
(85) Richtlinie 97/7/EWG (1997).
(86)「Europäisches Vertragsrecht：Bessere Rechtsetzung mittels des Gemeinsamen Referenzrahmens」と題された会議の資料についてはインターネットを介して利用することができる（巻末のリスト参照）。

Ⅵ　前　進

ヨーロッパ契約法統一へ向けての最初の歩みはこのように行われてきた。そしてその発展のプロセスは二〇〇四年の通知以降ますますその速度を速めて進められている。まさしく「前進」しているようにみえるかもしれないが、しかし、ヨーロッパ委員会により提案された明確な措置のカタログに基づいて若干の歩みを予測することはできても、そこにはなお不明確な点が残されている。手続全体の速度を上げるに際して、重要な役割が委員会の通知に対して付与されることに異論の余地はない。これらの通知に対する態度表明は、その際、一貫して、行為の枠組を拡大するものではなく、提案された諸措置について論議することに限定されており、それゆえ、これらの措置を精緻化することに役立っている。

ヨーロッパ委員会は共同体報告枠組の作成に焦点を合わせていた。その際、予定された日程がしかるべき専門家ネットワークを通じて追認されている。すなわち、共同体報告枠組に関する計画についての作業は二〇〇七年に完了するものとされている。これによれば、作業を煮詰めるとともに当該プロジェクトの最終的な枠組を確定するために、前述の専門家グループと包括的に協議する過程が組み込まれている。二〇〇八年後半には、その後の協議についての白書が刊行され、そこに共同体報告枠組の最終案も含まれることになっている。それに続けて、二〇〇九年末にはこの草案が可決される予定である。

しかしながら、アクションプランの措置に関していえば、その後の歩みは予測したほどは進んでいない。実際、ヨーロッパ委員会は、ヨーロッパ規模で統一的な標準契約条件の作成という任務と協議事項リストからのこの目標の削除とを比較検討しているが、それでいて同時に、選択の余地がある法的手段の実施可能性と魅力についてさらに研究を続けることにも固執している。当分の間、このことは二〇〇四年の通知においてすでに説明されていた諸研究を通じて確保されている。この慎重な試みは、とりわけこれらの措置に関して懐疑が広がっていることを考えれば、一貫性のあるものであるといえよう。しかし、選択の余地を残した法的手段を実現することは、今ではもはや想像することができないように思われる。というのも、少なくとも、参加している学者たちはそうした要請に応えることに疲れ果ててしまっているからである。

Ⅶ 要約

ヨーロッパ民事法創設のために、これまでかなりの努力が――たとえそうした努力が現在のところ契約法の分野、特に消費者契約法に限定されているとしても――払われてきた。ヨーロッパ委員会は調和のための真摯な試みに賛成してきた。同委員会は具体的な諸問題を取り上げて論じるとともに、詳細な解決策を提案してきた。このアクションプランをもって、ヨーロッパ私法の将来をめぐる論議がロマンティックな夢物語の段階を終えたという点に疑問の余地はない。そしてさまざまな努力は今なお終了しておらず、いろいろな研究グループが、債務法のうち、契約法以外の分野の調和についてすでに作業を行っている。不法行為については、現在、二つの作業グループが草案を用意している。「不法行為法に関するヨーロッパグループ（European Group on Tort Law）」[87]と「ヨーロッパ民事法典に関する研究グループ（Study Group on a European Civil Code）」がそうであり、後者は相続法にも取り組んでいる。さらに、「ヨーロッパ家族法委員会（Commission on European Family Law）」が家族法における将来の法統一を達成しようと努力を続けている[88]。契約法について現に行われている準備作業と同様、こうした結果に刺激を受けて、ヨーロッパ委員会は、将来これらの法分野においても活動しようとしている。それでも、あらゆる分野を包括するヨーロッパ私法は、これまでのところ、まだ夢物語でしかない。というのは、なお克服されるべき障害がたくさんあり、しかも実現可能性についても疑いがあるからである。それでも、ヨーロッパ契約法の発展の跡を確認すること、そして、学問という視点からみてこのテーマにもふさわしいが、その後の展開にも絶えず注意を向けることは、ヨーロッパ共通民事法の形成が決して単なるビジョンではなく、この時代の現実的な問題のひとつであるという考えの現れとみることができよう。

(87) この委員会に関するその後の情報について参照されるのは、http://www.egtl.org/members.htm である。

(88) 詳細については、http://www.law.uu.nl/priv/cefl/

別紙
参照対象リスト：ヨーロッパ共同体諸機関の公文書およびこれに対応する公文書

1999-10-15 and 16 : Tampere European Council, Presidency Conclusions	http://www.europarl.eu.int/summits/tam_en.htm
2001-07-11 : Communication from the Commission to the Council and the European Parliament on European Contract Law	http://europa.eu.int/comm/consumers/cons_int/safe_shop/fair_bus_pract/cont_law/cont_law_02_en.pdf Summary of Responses : http://europa.eu.int/comm/consumers/cons_int/safe_shop/fair_bus_pract/cont_law/comments/summaries/sum_en.pdf Individual Responses : http://europa.eu.int/comm/consumers/cons_int/safe_shop/fair_bus_pract/cont_law/comments/index_en.htm
2001-11-15 : European Parliament's response to the 2001 Communication	http://europa.eu.int/eur-lex/pri/en/oj/dat/2002/ce140/ce14020020613en05380542.pdf
2001-11-16 : Council's response to the 2001 Communication	http://ue.eu.int/ueDocs/cms_Data/docs/pressData/en/jha/DOC.68613.pdf
2002-10-7 : Economic and Social Committee's response to the 2001 Communication	http://europa.eu.int/eur-lex/pri/en/oj/dat/2002/c_241/c_24120021007en00010007.pdf
2003-02-12 : Communication from the Commission to the European Parliament and the Council – A more coherent European Contract Law – An Action Plan	http://europa.eu.int/eur-lex/lex/LexUriServ/site/en/com/2003/com2003_0068en01.pdf Summary of Responses : http://europa.eu.int/comm/consumers/cons_int/safe_shop/fair_bus_pract/cont_law/analyticaldoc_en.pdf Individual Responses : http://europa.eu.int/comm/consumers/cons_int/safe_shop/fair_bus_pract/cont_law/stakeholders_en.htm

2003-09-02 : European Parliament's response to 2003 Action Plan	http://www3.europarl.eu.int/omk/omnsapir.so/pv2?PRG=CALDOC&TPV=PROV&FILE=20030902&TXTLST=1&POS=1&LASTCHAP=17&SDOCTA=12&Type_Doc=FIRST&LANGUE=EN
2003-09-23 : Council's response to the 2003 Action Plan	http://ue.eu.int/ueDocs/cms_Data/docs/pressData/en/intm/77295.pdf
2004-10-11 : Communication from the Commission to the European Parliament and the Council European contract law and the revision of the *acquis* : the way forward COM(2004) 651	http://europa.eu.int/comm/consumers/cons_int/safe_shop/fair_bus_pract/cont_law/com2004_en.pdf
2004-12-03 : 1st Workshop of Member State Experts on Common Frame of Reference	Non-paper : http://europa.eu.int/comm/consumers/cons_int/safe_shop/fair_bus_pract/cont_law/non_paper_en.pdf Summary of the Workshop : http://europa.eu.int/comm/consumers/cons_int/safe_shop/fair_bus_pract/cont_law/workshop_summary.pdf
2004-12-15 : 1st Conference of Network of Stakeholder Experts (CFR-net)	Non-paper : http://europa.eu.int/comm/consumers/cons_int/safe_shop/fair_bus_pract/cont_law/non_paper_15122004_en.pdf Summary of the Conference : http://europa.eu.int/comm/consumers/cons_int/safe_shop/fair_bus_pract/cont_law/conference_report.pdf List of CFR-net Members : http://ec.europa.eu/comm/consumers/cons_int/safe_shop/fair_bus_pract/cont_law/cfr_net_members_en.pdf

2005-05-31 : 2nd Workshop of Member State Experts on Common Frame of Reference – Summary	http://europa.eu.int/comm/consumers/cons_int/safe_shop/fair_bus_pract/cont_law/experts_membstates3105_en.pdf List of Member State Experts : http://ec.europa.eu/comm/consumers/cons_int/safe_shop/fair_bus_pract/cont_law/experts_membstates_en.pdf
2005-07-28 : Draft Report on European contract law and the revision of the acquis : the way forward (2005/2002 (INI))	http://www.europarl.europa.eu/meetdocs/2004_2009/documents/pr/576/576466/576466en.pdf
2005-09-23 : Report from the Commission – First Annual Progress Report on European Contract Law and the Acquis Review COM (2005) 456 final	http://ec.europa.eu/comm/consumers/cons_int/safe_shop/fair_bus_pract/cont_law/progress05_en.pdf
2005-09-26 : Conference on "European Contract Law : Better Lawmaking to the Common Frame of Reference"	Conference agenda and participant speeches : http://ec.europa.eu/comm/consumers/cons_int/safe_shop/fair_bus_pract/cont_law/conference26092005_en.htm
2005-11-28/29 : Conclusions of the Competitiveness Council on European Contract Law	http://europa.eu.int/comm/consumers/cons_int/safe_shop/fair_bus_pract/cont_law/conclusions_competitiveness_council_en.pdf
2006-03-02 : Report on European contract law and the revision of the acquis : the way forward (2005/2022 (INI))	http://www.europarl.europa.eu/omk/sipade3?PUBREF=-//EP//NONSGML+REPORT+A6-2006-0055+0+DOC+PDF+V0//EN&L=EN&LEVEL=7&NAV=S&LSTDOC=Y

2006-03-23 : European Parliament resolution on European contract law and the revision of the acquis : the way forward (2005/2022 (INI))	http://www.europarl.europa.eu/omk/sipade3?PUBREF=-//EP//TEXT+TA+P6-TA-2006-0109+0+DOC+XML+V0//EN&LEVEL=4&NAV=X&L=EN

索　　引

ア　行

IKEA条項　35
イィーバーゼーリンク事件　96
居住移転の自由　96
インスパイアー・アート事件　96
ヴィンター委員会　105
エラスムス移動奨学金　68
エラスムス・ソクラテス計画　68

カ　行

開業準備者　6, 9
会社準拠法　96
会社法　13, 84
解除　35
隔地間契約　8
隔地間（通信）販売法　4
瑕疵　36
——担保　33
——担保の排除　45
——なき給付の義務　41
権利の——　34
物の——　34
カシス・ドゥ・ディジョン事件　82
カシス・ドゥ・ディジョン判決　83
株式会社　17
カルテル法　87
完全法曹　57
ガンドルフィ　124
企業会計法　86
企業買収法　85, 102
危険の移転　38
帰責性　42
給付障害法　33
競争制限防止法　20
競争の実質的減少　88
共通中核部分立法プロジェクト　124, 144
共通通貨　115
共通ヨーロッパ私法　129
共通ヨーロッパ民事法　119
共同市場　119
共同体報告枠組　135
居住移転の自由　79
クロップ裁判　82
経済的社団　16
経済利益団体　84
契約法リステイトメント　122
減額　35
原始的不能　43
行為基礎の脱落　116
公益会社　17
公開　87
広告　20
公示　87
合名会社　16
国際的動産売買に関する国連条約　122
国際連盟　122
国連動産売買法　140
コモン・ロー　116
雇用契約　10
コンツェルン法　85

サ　行

裁判所の管轄　23
債務法の現代化　33
サプライヤー　50
差別禁止　80
サルバーンズ・オクスレー法　109
サンプル売買　51
シヴィル・ロー　116
自営業者　12, 22
時間貸し居住権　117
事業者　3, 4, 9, 35, 48

事業売買契約　53
自然人　6, 14
私的自治　28
私法統一国際協会　122
資本会社　14
資本市場法　88
収益の賠償　41
重層化　96
主観的欠陥概念　34
小営業者　12, 13
商人　12
承認期限　51
消費者　3, 4, 35, 48
　——消費貸借契約　8
　——消費貸借法　9
　——信用法　4
　——訴訟　22
　——倒産手続　22
　——法　3
　——保護　3, 28, 117
　——保護団体　25
消費物品売買　8, 33, 35, 48
　——指令　33
修補　40
商法　12
情報義務　8
証明責任の転換　37
自力実行　44
人格的損害　46
信義および誠実　49
人的会社　14
人的保護範囲　79
制限禁止　80
生産物責任　117
性質保証　46
ゼーガー対デネマイヤー判決　82
設立準拠法説　96, 101
全 EC 法体系考慮グループ
　124, 144
セントロス事件　96
組織変更法　85
租税法　88
損害賠償　35, 42

タ　行

代理行為　49
ダッソンヴィル事件　82
団体の訴え　25
チャーチル　115
中古品の売買　34
仲裁　24
直接適用可能性　79
追完　35, 40
追交付　40
通信教育契約法　9
通信販売　51
ディアマンティス裁判　91
ディリー・メイル事件　96
撤回期限　51
電子商取引　8
ドイツ基本法　81
ドイツ弁護士会　70
ドイツ連邦共和国弁護士会　70
倒産法　22
特定物売買　41

ハ　行

ハーグ統一売買法　122
売買法　33
パッケージ旅行　117
パルマラット事件　86
非経済的会社　16
非経済的社団　6
費用の賠償　35, 43
ファン・ビンスベルヘン判決　82
ファン・ヘント・アンド・

ロース事件　79
フォン・バール　125
不作為請求権　25
不作為訴訟法　25
不実表示　116
不正競争防止法　19
ブッサーニ　124
物的保護範囲　79
法人　6, 14
訪問販売　8, 10, 51, 117
——指令　5
——撤回法　4
保険契約法　9
補充性の原則　117
ボルケンシュタイン　105
本拠地法説　96

マ　行

マッティ　124
民事訴訟法　23
民法　8
——施行法　9
——上の組合　14
無限責任社員　17

ヤ　行

約款　8
——規制　9
——規制法　4
有限会社　6, 17
有限責任社員　17
ユーザー　50
猶予期限の設定　42
ユーロ　115
ユニドロワ　122
——委員会　122
ヨーロッパ会社指令　15
ヨーロッパ経済共同体　115
ヨーロッパ契約法共通諸原則　140, 144
ヨーロッパ原子力共同体　115
ヨーロッパ裁判所　14
ヨーロッパ裁判所管轄・承認執行指令　24
ヨーロッパ消費者センター　26
ヨーロッパ石炭鉄鋼共同体　115
ヨーロッパ法アカデミー　144
ヨーロッパ民事法に関する研究グループ　125, 144

ラ　行

ランドー　123
——委員会　123
リース業者　50
リース取引　50
履行場所　41
緑書　26
連邦憲法裁判所　5
連邦裁判所　14
連邦労働裁判所　10

Prof. Dr. Ingo Saenger

Schriftenverzeichnis

(Stand : Juni 2007)

I. Dissertation und Habilitation

Beteiligung Dritter bei Beschlußfassung und Kontrolle im Gesellschaftsrecht.
Berlin : Duncker & Humblot, 1990 (Schriften zum Wirtschaftsrecht, Band 66). – XIII, 204 S. – Zugl. : Marburg, Univ., Diss., 1990.

Einstweiliger Rechtsschutz und materiellrechtliche Selbsterfüllung.
Möglichkeiten der kurzfristigen Verwirklichung von Ansprüchen auf Vornahme vertretbarer Handlungen – zugleich ein Beitrag zum Spannungsverhältnis von Prozeßrecht und materiellem Recht.
Tübingen : Mohr Siebeck, 1998 (Jus Privatum, Band 27). – XVIII, 346 S. – Zugl. : Jena, Univ., Habil. – Schr., 1996.

II. Weitere selbständige Schriften

1. **Vertragliche Schadensersatzpflicht des Produzenten für Schäden durch Sachmängel im innerindustriellen Bereich.** Vergleich der Ansprüche wegen Fehlens einer zugesicherten Eigenschaft nach §§ 463 S. 1, 480 II BGB mit der warranty-Haftung des englischen Rechts.
München : Winterthur Versicherungen, 1990 (Schriftenreihe der Winterthur Versicherungen, Band 29). – V, 33 S. (Gemeinsam mit Friedhelm G. Nickel).
2. **Der Ausgleichsanspruch des Handelsvertreters bei Eigenkündigung.**
Stuttgart u. a. : Boorberg, 1997 (Jenaer Schriften zum Recht, Band 13). – 48 S.
3. **Handwerk, Service, Kundendienst.**
München : Deutscher Taschenbuch Verlag, 1. Aufl. 2000. – 230 S.
4. **Fälle mit Lösungen für Fortgeschrittene im Bürgerlichen Recht.**
Neuwied u. a. : Luchterhand, 2001. – XII, 151 S. (Gemeinsam mit Olaf Werner).
5. **Handwerk, Service, Kundendienst.**
München : Deutscher Taschenbuch Verlag, 2. Aufl. 2002. – 239 S.
6. **Fälle mit Lösungen für Fortgeschrittene im Bürgerlichen Recht.**
Neuwied u. a. : Luchterhand, 2. Aufl. 2004 – XV, 193 S. (Gemeinsam mit Olaf Werner).

III. Kommentierungen und Bearbeitungen in Sammelwerken

1. **Erman.** Bürgerliches Gesetzbuch, Handkommentar. Herausgegeben von Harm Peter Westermann. Münster/Köln : Aschendorff Rechtsverlag, 10. Aufl. 2000 :
— HausTWG,

— VerbrKrG : §§ 2, 7–8, 11–14,
— FernAG,
— SachenRBerG : §§ 32–84, 111–112, 115, 120, 122.

2. **Deutsches Rechts-Lexikon.** Herausgegeben von Horst Tilch und Frank Arloth. München : C. H. Beck, 3. Aufl. 2001 :
   — Handelsrecht, einschließlich Handelsbücher und Jahresabschluß,
   — Wertpapierrecht,
   — Spar- und Bauförderung,
   — Währungs- und Finanzfragen.
3. **Das Schuldrecht 2002.** Herausgegeben von Harm Peter Westermann. Stuttgart u. a. : Boorberg, 2002 :
   — Verbraucherdarlehensrecht, S. 279–318.
4. **Hk-BGB.** Bürgerliches Gesetzbuch, Handkommentar. Bearbeitet von Heinrich Dörner u. a., Schriftleitung Reiner Schulze. Baden-Baden : Nomos, 2. Aufl. 2002 :
   — Kauf, Tausch (§§ 433–480),
   — Schenkung (§§ 516–534),
   — Gesellschaft, Gemeinschaft (§§ 705–758).
5. **Europäisches Gesellschafts- und Unternehmensrecht.** Herausgegeben von Ingo Saenger. Baden-Baden : Nomos, 2002 :
   — Grundzüge des europäischen Gesellschafts- und Unternehmensrechts,
   — Bearbeitung der europarechtlichen Teile.
6. **Bamberger/Roth.** Kommentar zum Bürgerlichen Gesetzbuch. Herausgegeben von Heinz Georg Bamberger und Herbert Roth. München : C. H. Beck, 2003 :
   — UN-Kaufrecht (CISG).
7. **Hk-BGB.** Bürgerliches Gesetzbuch, Handkommentar. Bearbeitet von Reiner Schulze u. a. Baden-Baden : Nomos, 3. Aufl. 2003 :
   — Kauf, Tausch (§§ 433–480),
   — Schenkung (§§ 516–534),
   — Gesellschaft, Gemeinschaft (§§ 705–758).
8. **Erman.** Bürgerliches Gesetzbuch, Handkommentar. Herausgegeben von Harm Peter Westermann. Münster/Köln : Aschendorff Rechtsverlag, 11. Aufl. 2004 :
   — §§ 13, 14 : Verbraucher, Unternehmer,
   — § 241a : Unbestellte Leistungen,
   — §§ 312–312 f. : Besondere Vertriebsformen (Haüstur- und Fernabsatzverträge),
   — §§ 355–359 : Widerrufs- und Rückgaberecht bei Verbraucherverträgen,
   — §§ 481–487 : Teilzeit-Wohnrechteverträge,
   — §§ 488–490 : Darlehensvertrag,

— §§ 491-507 : Verbraucherdarlehens-, Ratenlieferungsverträge, Finanzierungshilfen,
— §§ 607-609 : Sachdarlehensvertrag,
— §§ 655a-655e : Darlehensvermittlungsvertrag.

9. **Hk-BGB.** Bürgerliches Gesetzbuch, Handkommentar. Bearbeitet von Reiner Schulze u. a. Baden-Baden : Nomos, 4. Aufl. 2005 :
— Kauf, Tausch (§§ 433-480),
— Schenkung (§§ 516-534),
— Gesellschaft, Gemeinschaft (§§ 705-758).

10. **Hk-ZPO.** Zivilprozessordnung, Handkommentar. Herausgegeben von Ingo Saenger. Baden-Baden : Nomos, 1. Aufl. 2005 :
— Einführung,
— §§ 230-238 (Folgen der Versäumung, Wiedereinsetzung in den vorigen Stand),
— §§ 253-329 (Verfahren vor den Landgerichten. Titel 1-2 : Verfahren bis zum Urteil und Urteil) – ohne § 328,
— § 788 Kosten der Zwangsvollstreckung,
— §§ 1025-1066 (Schiedsrichterliches Verfahren),
— §§ 1067-1086 (Justizielle Zusammenarbeit in der Europäischen Union) – ohne §§ 1076-1078,
— EGZPO.

11. **Hk-BGB.** Bürgerliches Gesetzbuch, Handkommentar. Bearbeitet von Reiner Schulze u. a. Baden-Baden : Nomos, 5. Aufl. 2007 :
— Kauf, Tausch (§§ 433-480),
— Schenkung (§§ 516-534),
— Gesellschaft, Gemeinschaft (§§ 705-758).

12. **Hk-ZPO.** Zivilprozessordnung, Handkommentar. Herausgegeben von Ingo Saenger. Baden-Baden : Nomos, 2. Aufl. 2007 :
— Einführung,
— §§ 230-238 (Folgen der Versäumung, Wiedereinsetzung in den vorigen Stand),
— §§ 253-329 (Verfahren vor den Landgerichten. Titel 1-2 : Verfahren bis zum Urteil und Urteil) – ohne § 328,
— § 788 Kosten der Zwangsvollstreckung,
— §§ 1025-1066 (Schiedsrichterliches Verfahren),
— §§ 1067-1086 (Justizielle Zusammenarbeit in der Europäischen Union) – ohne §§ 1076-1078,
— EGZPO.

13. **Bamberger/Roth.** Kommentar zum Bürgerlichen Gesetzbuch. Herausgegeben

von Heinz Georg Bamberger und Herbert Roth. München : C. H. Beck, 2. Aufl. 2007 :

— UN-Kaufrecht (CISG). (Im Erscheinen).

14. **Erman.** Bürgerliches Gesetzbuch, Handkommentar. Herausgegeben von Harm Peter Westermann. Münster/Köln : Aschendorff Rechtsverlag, 12. Aufl. 2007 :
    — §§ 1-12 : Natürliche Personen,
    — §§ 13, 14 : Verbraucher, Unternehmer,
    — § 241a : Unbestellte Leistungen,
    — §§ 312-312 f. : Besondere Vertriebsformen (Haüustur- und Fernabsatzverträge),
    — §§ 355-359 : Widerrufs- und Rückgaberecht bei Verbraucherverträgen,
    — §§ 481-487 : Teilzeit-Wohnrechteverträge,
    — §§ 488-490 : Darlehensvertrag,
    — §§ 491-507 : Verbraucherdarlehens-, Ratenlieferungsverträge, Finanzierungshilfen,
    — §§ 607-609 : Sachdarlehensvertrag,
    — §§ 655a-655e : Darlehensvermittlungsvertrag. (Im Erscheinen).
15. **Internationales Vertragsrecht. EGBGB – CISG – FactÜ – CMR.** Bearbeitet von Franco Ferrari, Eva-Maria Kieninger, Peter Mankowski, Karsten Otte, Ingo Saenger und Ansgar Staudinger. München : C. H. Beck 2007 :
    UN-Kaufrecht (CISG) :
    — Vorbemerkung,
    — Art. 1-13 (Anwendungsbereich und Allgemeine Bestimmungen),
    — Art. 30-34 (Pflichten des Verkäufers zur Lieferung der Ware und Übergabe der Dokumente),
    — Art. 45-52 (Rechtsbehelfe des Käufers wegen Vertragsverletzung durch den Verkäufer),
    — Art. 71-77 (Vorweggneommene Vertragsverletzung, Verträge über aufeinander folgende Lieferungen und Schadensersatz),
    — Art. 79-80 (Befreiungen). (Im Erscheinen)
16. **Stiftungswesen,** Recht, Steuern, Wirtschaft. Herausgegeben von Olaf Werner. Berlin : Berliner Wissenschaftsverlag 2007.
    — Wahl der Rechtsform Stiftung (Kapitel 2),
    — Sonderformen der selbständigen Stiftung des Privatrechts : Unternehmensverbundene Stiftungen (Kapitel 5). (Im Erscheinen).
17. **Das Mandat im Handels- und Gesellschaftsrecht.** Herausgegeben von Ingo Saenger, Lutz Aderhold, Karlheinz Lenkaitis und Gerhard Speckmann. Baden-Baden : Nomos 2007.
    — Recht des Handelsstandes (Kapitel 1 A),

— Handelsregister (Kapitel 1 B),
— Handelsrechtliche Vollmachten (Kapitel 1 D),
— Internationales Gesellschaftsrecht: Internationales Privatrecht (Kapitel 8 A).

(Im Erscheinen).

IV. Aufsätze

1. **Die Arzthaftpflicht im Prozeß.**
In: **VersR** 1991, S. 743-747.
2. **Die warranty-Haftung des englischen Rechts.**
In: **JZ** 1991, S. 1050-1057. (Gemeinsam mit Friedhelm G. Nickel).
3. **Die Wiedereinsetzung in den vorigen Stand im Strafverfahren.**
In: **JuS** 1991, S. 842-845.
4. **Hinzuziehung von Stellvertreter oder Beistand bei Beschlußfassung und Kontrolle im Gesellschaftsrecht.**
In: **NJW** 1992, S. 348-352.
5. **Verwaltungsgerichtliche Entscheidungen, Rechtsmittel und Rechtsbehelfe.**
In: **JuS** 1992, S. 779-783.
6. **Die Klausel als Voraussetzung der Zwangsvollstreckung.**
In: **JuS** 1992, S. 861-864.
7. **Die im Handelsregister gelöschte GmbH im Prozeß.**
In: **GmbHR** 1994, S. 300-306.
8. **Klagenhäufung und alternative Klagebegründung.**
In: **MDR** 1994, S. 860-863.
9. **Zum Auskunftsanspruch des Aktionärs über Minderheitsbeteiligungen.**
In: **DB** 1997, S. 145-151.
10. **Minderheitenschutz und innergesellschaftliche Klagen bei der GmbH.**
In: **GmbHR** 1997, S. 112-121.
11. **Zur Schadensersatzpflicht bei vorzeitigen Vollstreckungsmaßnahmen des materiell berechtigten Gläubigers.**
In: **JZ** 1997, S. 222-229.
12. **Zum Beginn der Verjährungsfrist bei kaufrechtlichen Gewährleistungsansprüchen.**
In: **NJW** 1997, S. 1945-1950.
13. **Staatshaftung wegen Verletzung europäischen Gemeinschaftsrechts.**
In: **JuS** 1997, S. 865-872.
14. **Die Partnerschaftsgesellschaft: Neue Rechtsform für die gemeinsame**

Ausübung freier Berufe.
In : **Forschungsmagazin** der Friedrich-Schiller-Universität Jena, Heft 6 (1997), S. 39.

15. **Verjährung der Gewährleistungsansprüche beim Computerkauf.**
In : **NJW-CoR** 1997, S. 354-357.
16. **Internationale Gerichtsstandsvereinbarungen nach EuGVÜ und LugÜ.**
In : **ZZP** 110 (1997), S. 477-498.
17. **Mehrstimmrechte bei Aktiengesellschaften.**
In : **ZIP** 1997, S. 1813-1820.
18. **Ende der Unsicherheiten bei den Globalsicherheiten?**
In : **ZBB** 1998, S. 174-184.
19. **Das neue Schiedsverfahrensrecht.**
In : Wirtschaftsprüferkammer-Mitteilungen **WPK-Mitt.** 1998, S. 209-213.
20. **Die Reform des deutschen Handels- und Transportrechts.**
In : **Brücken für die Rechtsvergleichung. Festschrift für Hans G. Leser.** Herausgegeben von Olaf Werner, Peter Häberle, Zentaro Kitagawa, Ingo Saenger. Tübingen : Mohr Siebeck. 1998. S. 199-218.
21. **Die Vollstreckung aus Schiedsvergleich und Schiedsspruch mit vereinbartem Wortlaut.**
In : **MDR** 1999, S. 662-664.
22. **Reform des Handelsrechts.**
In : **Akademie** 1999, S. 62-65.
23. **Sachliche Zuständigkeit für den Antrag auf Prozeßkostenhilfe.**
In : **MDR** 1999, S. 850-853.
24. **Die Kreditbürgschaft des GmbH-Gesellschafters – eine unentrinnbare „Haftungsfalle"?**
In : **GmbHR** 1999, S. 837-841.
25. **Macht und Ohnmacht der Gerichte bei der eiligen Durchsetzung von Herausgabeansprüchen.**
In : **JZ** 1999, S. 970-981.
26. **Harmonisierung des internationalen Luftprivatrechts : Vom IATA-Intercarrier Agreement zur Neufassung des Warschauer Abkommens in der Montrealer Konvention vom Mai 1999.**
In : **NJW** 2000, S. 169-175.
27. **Reform des Stiftungsrechts : Auswirkungen auf unternehmensverbundene und privatnützige Stiftungen.**
In : **ZRP** 2000, S. 13-19. (Gemeinsam mit Ingo Arndt).
28. **Das Recht des Handelsvertreters zur ausgleichswahrenden Eigenkündigung.**

In : **DB** 2000, S. 129-134.

29. **Einführung.**
In : **Der Ausgleichsanspruch des Handelsvertreters.** Beispiel für die Fortentwicklung angeglichenen europäischen Rechts. Herausgegeben von Ingo Saenger und Reiner Schulze. Baden-Baden : Nomos, 2000 (Europäisches Privatrecht. Sektion B : Gemeinsame Rechtsprinzipien, Band 11), S. 9-13. (Gemeinsam mit Reiner Schulze).

30. **Wirksamkeit internationaler Gerichtsstandsvereinbarungen.**
In : **Festschrift für Otto Sandrock.** Herausgegeben von Klaus Peter Berger, Werner F. Ebke, Siegfried Elsing, Bernhard Großfeld, Gunther Kühne. Heidelberg : Recht und Wirtschaft, 2000, S. 807-821.

31. **Gerichtlicher Rechtsschutz für Leasinggeber.**
In : Finanzierung Leasing Factoring **FLF** 2000, S. 189-196.

32. **Die Reform des deutschen Zivilprozeßrechts – Fluch oder Segen?**
In : **Rechtstheorie** 31 (2000), S. 413-431.

33. **Grundstückserwerb nach Aufgebotsverfahren gem. § 927 BGB.**
In : **MDR** 2001, S. 134-136.

34. **Privatautonomie und Stifterfreiheit.**
In : **Ein modernes Stiftungsprivatrecht** zur Förderung und zum Schutz des Stiftungsgedankens. Herausgegeben vom Bundesverband Deutscher Stiftungen. Berlin : Bundesverband Deutscher Stiftungen, 2001 (Forum Deutscher Stiftungen, Band 8), S. 17-49.

35. **Gesellschaftsrechtliche Gestaltung ärztlicher Kooperationsformen.**
In : **NZS** 2001, S. 234-240.

36. **Das deutsche Schiedsverfahrensrecht.**
In : **Vilniaus Universitetas** mokslo darbai Teis (Vilnius University Law Research papers) 2001, 38 tomas, S. 84-92.

37. **Der Beweiswert des Einwurf-Einschreibens im Prozeß.**
In : **JuS** 2001, S. 899-904. (Gemeinsam mit Anna Gregoritza).

38. **Einführung zum Gesetz zur Namensaktie und zur Erleichterung der Stimmrechtsausübung (Namensaktiengesetz – NaStraG).**
In : **Das Deutsche Bundesrecht** (875. Lieferg., August 2001), II D 20 f., S. 3-8. (Gemeinsam mit Alexander Kessler).

39. **Aktienrechtliche Anfechtungsklagen : Verfahrenseffizienz und Kosten.**
In : **AG** 2002, S. 536-543.

40. **Zur Übung – Bürgerliches Recht : „Das Auto aus der Bäckerei“.**
In : **JuS** 2002, S. 970-973.

41. **Klausur Zivilrecht – „Die voreilige Schranke“.**
In : **JA** 2003, S. 390-398.

42. **Die Umsetzung der Richtlinie über Verbraucherkäufe in Deutschland.**
In : **Verbraucherkauf in Europa.** Altes Gewährleistungsrecht und die Umsetzung der Richtlinie 1999/44/EG. Herausgegeben von Martin Schermaier. München : Sellier. European Law Publishers, 2003, S. 191-208.
43. **Der praktische Fall – Handels- und Gesellschaftsrecht : Rechtsfähigkeit und Haftungsbeschränkung bei der Gesellschaft bürgerlichen Rechts.**
In : **JuS** 2003, S. 577-580.
44. **Kaufpreis nach CISG.**
In : **AW-Prax** 2003, S. 274-275.
45. **Tendenzen im europäischen Übernahmerecht : Die Vereinbarkeit des deutschen WpÜG mit dem Richtlinienvorschlag vom 2. 10. 2002.**
In : **Rechtsvergleichung als zukunftsträchtige Aufgabe.** Herausgegeben. von Otto Sandrock, Bernhard Großfeld u. a. Münster : Lit-Verlag, 2004 (Münsteraner Studien zur Rechtsvergleichung, Band 100), S. 103-126, mit Anhang S. 127-167.
46. **Kreditgewährung an Gesellschafter aus gebundenem Vermögen als verbotene Auszahlung auch bei vollwertigem Rückzahlungsanspruch.**
In : **NZG** 2004, S. 271-273. (Gemeinsam mit Raphael Koch).
47. **Das modernisierte Stiftungsrecht und seine Auswirkungen auf unternehmensverbundene Stiftungen und Familienstiftungen.**
In : **Recht und Risiko. Festschrift für Helmut Kollhosser.** Bd. II, Zivilrecht. Herausgegeben von Reinhard Bork, Thomas Hoeren, Petra Pohlmann. Karlsruhe : Versicherungswirtschaft, 2004, S. 591-604.
48. **Die Stiftung als Geldsammlerin für Pflichtteilsberechtigte, verarmte Schenker und Sozialkassen?**
In : **ZSt** 2004, S. 183-190.
49. **Der allgegenwärtige Verbraucher im Bürgerlichen Recht, Zivilprozeßrecht, Handels-, Gesellschafts- und Wirtschaftsrecht.**
In : **Juristenausbildung als Leidenschaft. Festgabe für Olaf Werner** zum 65. Geburtstag. Herausgegeben von Jörg Hanna, Elke Roos und Ingo Saenger. Jena : Selbstverlag Michael Hinz, 2004, S. 51-69. – **Korea Law Review**, Vol. 46 (2006), S. 241-275.
50. **Corporate Governance in Stiftungen.**
In : **ZSt** 2005, S. 67-74. (Gemeinsam mit Till Veltmann).
51. **Parkplatznot kennt (k)ein Gebot.**
In : **Ad Legendum** 2005, S. 94-100.
52. **Die Aufrechnung im Anwendungsbereich des CISG.**
In : **IHR** 2005, S. 189-195. (Gemeinsam mit Elisabeth Sauthoff).
53. **Die Gestaltung der Anwaltshomepage.**

In : **WRP** 2005, S. 1468-1476. (Gemeinsam mit Arno Riße).

54. **§ 476 BGB – Gesetzliche Haltbarkeitsgarantie?**
In : **ZGS** 2005, S. 450-452. (Gemeinsam mit Till Veltmann).

55. **Die anwaltliche Homepage – Berufs- und wettbewerbsrechtliche Grenzen bei der Wahl eines Domainnamens.**
In : **MDR** 2005, S. 1381-1386. (Gemeinsam mit Arno Riße).

56. **Reichweite und Haftungsrisiken der Stiftungsaufsicht bei Vermögensumschichtungen von unternehmensverbundenen Stiftungen.**
In : **ZSt** 2005, S. 281-289. (Gemeinsam mit Till Veltmann).

57. **Das „neue" Kaufrecht in der Rechtsprechung 2002-2005.**
In : **ZGS** 2006, S. 61-65. (Gemeinsam mit Ulrich Klockenbrink).

58. **Reichweite und Haftung der Aufsicht über kirchliche Stiftungen** – am Beispiel des neu gefassten StiftG NRW.
In : **ZSt** 2006, S. 16-20. (Gemeinsam mit Till Veltmann).

59. **Die investierende Mitgliedschaft** – eine interessante Beteiligungsmöglichkeit für Genossenschaften und Investoren?
In : **BB** 2006, S. 566-569. (Gemeinsam mit Matthias Merkelbach).

60. **Gesellschaftsrechtliche Binnenstruktur der ambulanten Heilkundegesellschaft.**
In : **Medizinrecht** 2006, S. 138-146.

61. **Abgestimmtes Verhalten i. S. d. § 30 Abs. 2 WpÜG bei der Aufsichtsratswahl** – zugleich Anmerkung zum Urteil des OLG München vom 27. April 2005 – 7 U 2792/04.
In : **ZIP** 2006, S. 837-842. (Gemeinsam mit Nicholas Kessler).

62. **Neue Grenzen für ein forum shopping des Insolvenzschuldners?**
In : **DZWiR** 2006, S. 183-185. (Gemeinsam mit Ulrich Klockenbrink).

63. **Partner, Pächter und Prokuristen.**
In : **Ad Legendum** 2006, S. 143-150.

64. **Anerkennungsfragen im internationalen Insolvenzrecht gelöst?** Zugleich Anmerkung zum Urteil des EuGH vom 2. 5. 2006 – Rs. C-341/04 (Eurofood/Parmalat).
In : **EuZW** 2006, S. 363-367. (Gemeinsam mit Ulrich Klockenbrink).

65. **Aktuelle Entwicklungen des Europäischen Gesellschafts- und Unternehmensrechts.**
In : Harmonization of Law in the Baltic Sea Region in the Turn of the 20th and 21st Centuries. Universität Riga. 2006. S. 36-48.

66. **Aktuelle Probleme der Kommanditistenhaftung.**
In : **JA** 2006, S. 771-775. (Gemeinsam mit Matthias Wackerbeck).

67. **Sozietätserstreckung beim Interessenwiderstreit.**

In : **MDR** 2006, S. 1385-1390. (Gemeinsam mit Arno Riße).

68. **Europäisches Vertragsrecht – Vorstufe zum Europäischen Zivilrecht?**
In : **Comparative Laws Review** (The Institute of Comparative Law in Japan [ed.]), Vol. XL (2006) No. 3, S. 1-48.
69. **Internationale Zuständigkeit für Insolvenzanfechtungsklagen und Geltendmachung von Erstattungsansprüchen wegen Verstoßes gegen Kapitalerhaltungsvorschriften.** Zugleich Anmerkung zu den Beschlüssen des OLG München vom 27. 7. 2006 und 6. 6. 2006 – U 2287/06.
In : **IHR** 2007, S. 60-64. (Gemeinsam mit Ulrich Klockenbrink).
70. **Zusammenlegung von Stiftungen.**
In : **ZSt** 2007, S. 81-87.
71. **Tätigkeitsverbot für Rechtsanwälte bei nichtanwaltlicher Vorbefassung eines Sozietätsmitgliedes** – Verfassungskonforme Auslegung der Sozietätserstreckung gem. §§ 45 Abs. 3, 46 Abs. 3 BRAO.
In : **BRAK**-Mitteilungen 2007 (Gemeinsam mit Arno Riße) (Im Erscheinen).
72. **Patronatserklärungen – Bindung und Lösungsmöglichkeiten.**
In : **Festschrift für Ulrich Eisenhardt.** Herausgegeben von Ulrich Wackerbarth, Thomas Vormbaum, Hans-Peter Marutschke. München : Beck. 2007. (Im Erscheinen).
73. **Gegenwart und Zukunft des Cash Pooling.**
(Im Erscheinen).

V. Aufsätze in englischer Sprache

1. **Recent Developments in European Company and Business Law.**
In : **DLR**, Deakin Law Review (2005) Vol. 10, Number 1, S. 297-318.
2. **Conflicts of Interest of Supervisory Board Members in a German Stock Corporation and the Demand for their Independence** – An Investigation in the Context of the current Corporate Governance Discussion.
In : **CGLR**, The Corporate Governance Law Review (2005) Vol. 1, Number 1, S. 147-189.
3. **The Independence of Supervisory Board Members in a German Stock Corporation** – One Aspect of the current Corporate Governance Discussion.
In : College of Business, Chinese Culture University, Taipei/Republic of China (ed.), The 8th International Conference on Multinational Enterprises : **Management Strategies of Multinational Enterprises**, Proceedings. Vol. 2 (2006), S. 1284-1317. (Auch in chinesischer Sprache).
4. **German Corporate Governance.** Herausgegeben von Jean J. du Plessis, Bernhard Großfeld, Claus Luttermann, Ingo Saenger und Otto Sandrock.

Berlin : Springer 2007 :
— An Overview of the Corporate Governance Debate in Germany (Chapter 2),
— The General Meeting and the Management Board as Company Organs (Chapter 3),
— The Supervisory Board as Company Organ (Chapter 4).

VI. Aufsatz in italienischer Sprache

I fondamenti della nuova vendita tedesca.
In : **Contratto e impresa / Europa** (a cura di F. Galgano/M. Bin). Anno IX – N. 2 (2004), S. 834–859. (Übersetzt von Lieselotte Mangels).

VII. Aufsatz in lettischer Sprache

Eiropas sabiedribu tiesibu un komercialo uznemumu tiesibu jaunakas attistibas tendences.
In : Tiesibu harmonizacija Batijas juras regiona 20.–21. gs. mija. Latvijas Universitates. Riga 2006. S. 24–35.

VIII. Aufsätze in japanischer Sprache

1. **doitsu shihô oyobi shôhishahogohô niokeru genzai no hattenjôkyô [Aktuelle Entwicklungen im deutschen Zivil- und Verbraucherschutzrecht].**
In : Meijigakuin Daigaku Hôoritsukagaku Kenkyûjo Nenpô (Jahrbuch des Instituts für Rechtswissenschaften an der **Meiji Gakuin Universität** Tokyo), Nr. 17 (2001), S. 5–58. (Übersetzt von Kiyoaki Fukuda).
2. **henkan seikyûken no jinsokuna kantetsu [Die eilige Durchsetzung von Herausgabeansprüchen].**
In : Meijigakuin Daigaku Hôritsukagaku Kenkyûjo Nenpô (Jahrbuch des Instituts für Rechtswissenschaften an der **Meiji Gakuin Universität** Tokyo), Nr. 17 (2001), S. 59–68. (Übersetzt von Kiyoaki Fukuda).
3. **Die beabsichtigte Reform des deutschen Zivilprozeßrechts.**
In : Hosei Riron – The Journal of Law and Politics (Schriftenreihe der Law and Political Science Association der **Universität Niigata**), Vol. 34 Nr. 1, 2 (2001), S. 123–146. (Übersetzt von Seiya Ishizaki).
4. **Ende der Unsicherheiten bei den Globalsicherheiten?**
In : Ryukoku Hogaku – Ryukoku Law Review (Schriftenreihe der Association of Law and Politics an der **Ryukoku Universität** Kyoto), Vol. 34 Nr. 1 (2001), S. 125–158. (Übersetzt von Kazuhiro Noda, 野田和裕).

5. **Ende der Unsicherheiten bei den Globalsicherheiten?**
In : Tendencies and Problems of European Private Law. Herausgegeben von Hisakazu Matsuoka, Kunihiro Nakata u. a., Tokyo : Nihonhyoronsha, 2003, S. 449-480. (Übersetzt von Kazuhiro Noda, 野田和裕).

IX. Aufsatz in koreanischer Sprache

Der allgegenwärtige Verbraucher im Bürgerlichen Recht, Zivilprozeßrecht, Handels-, Gesellschafts- und Wirtschaftsrecht.
In : **Korea Law Review**, Vol. 46 (2006), S. 277-304. (Übersetzt von Kim, Kyu-Wan).

X. Aufsatz in chinesischer Sprache

The Independence of Supervisory Board Members in a German Stock Corporation – One Aspect of the current Corporate Governance Discussion.
In : College of Business, Chinese Culture University, Taipei/Republic of China (ed.), The 8th International Conference on Multinational Enterprises : **Management Strategies of Multinational Enterprises**, Proceedings. Vol. 2 (2006), S. 1284-1317. (Übersetzt von 邱秀清博士・中國文化大學).

XI. Urteilsanmerkungen

1. Anmerkung zum Urteil des **Thüringer OLG** vom 19. 1. 1994-4 U 95/93
(zur Verfügungsbefugnis der Rechtsträger volkseigenen Grundvermögens und zur Funktionsnachfolge).
In : **OLG-NL** 1994, S. 64-67.
2. Anmerkung zum Urteil des **BVerwG** vom 19. 1. 1995 – 7 C 62/93
(zur Zuführung ehemaligen Stasi-Vermögens zu neuen sozialen oder öffentlichen Zwecken).
In : **DZWir** 1995, S. 378-381.
3. Anmerkung zum Urteil des **OLG Oldenburg** vom 17. 4. 1997 – 1 U 90/96
(zur Darlehensforderung als Sacheinlage bei der AG).
In : **EWiR** 1997, S. 633-634.
4. Anmerkung zum Urteil des **OLG München** vom 26. 4. 1996 – 23 U 4586/95
(zur Beschlußfassung der Hauptversammlung der AG in Geschäftsführungsangelegenheiten).
In : **EWiR** 1997, S. 1109-1110.
5. Anmerkung zum Beschluß des **OVG Brandenburg** vom 12. 8. 1998 – 4 B 31/98

(zu den Voraussetzungen der Haftung eines OHG-Gesellschafters für öffentlich-rechtliche Geldforderungen).
In : **EWiR** 1998, S. 1037-1038.

6. Anmerkung zum Urteil des **BGH** vom 30. 4. 1998 – IX ZR 150/97
(zur Haftung des Notarvertreters).
In : **JZ** 1999, S. 103-104.
7. Anmerkung zum Urteil des **LG Dresden** vom 14. 9. 1998 – 8 O 0195/98
(zur Haftung bei der fehlgeschlagenen und fortgeführten Vor-GmbH).
In : **EWiR** 1999, S. 171-172.
8. Anmerkung zum Urteil des **BGH** vom 18. 11. 1999 – IX ZR 402/97
(zur Amtspflicht des Notars bei Beurkundung und Vollzug der Satzungsänderung einer GmbH).
In : **WuB** IV A. § 181 BGB 1.00.
9. Anmerkung zum Urteil des **BGH** vom 22. 12. 1999 – VIII ZR 299/98
(zur Ablieferung beim Softwarekauf).
In : **EWiR** 2000, S. 341-342.
10. Anmerkung zum Urteil des **EuGH** vom 16. 3. 1999 – C-159/97
– Trasporti Castelletti Spedizioni Internazionali/Hugo Trumpy (zur Gerichtsstandsvereinbarung nach EuGVÜ in international handelsgebräuchlicher Form).
In : **ZEuP** 2000, S. 656-674.
11. Anmerkung zum Urteil des **BGH** vom 29. 5. 2000 – II ZR 118/98
(zum Rückzahlungsanspruch wegen Verstoßes gegen den Grundsatz der Kapitalerhaltung nach § 31 Abs. 1 GmbHG bei späterer Wiederherstellung des Stammkapitals).
In : **WuB** II C. § 31 GmbHG 1.00.
12. Anmerkung zu den Urteilen des **BGH** vom 2. 5. 2000 – XI ZR 108/98 und 150/99
(zum Widerruf nach dem HausTWG bei Einschaltung eines Abschlußvertreters).
In : **WuB** IV D. § 1 HWiG 5.00.
13. Anmerkung zum Urteil des **BGH** vom 20. 6. 2000 – IX ZR 434/98
(zum Schutzzweck der notariellen Pflicht zur Unterlassung unwirksamer Beurkundungen).
In : **WuB** VIII A. § 14 BNotO 2.00.
14. Anmerkung zum Beschluß des **BGH** vom 11. 9. 2000 – II ZB 21/99
(zur Unzulässigkeit der außerordentliche Beschwerde gegen den Berichtigungsbeschluß des OLG im Spruchstellenverfahren nach § 306 AktG).
In : **EWiR** 2001, S. 51-52.
15. Anmerkung zum Beschluß des **BGH** vom 9. 11. 2000 – III ZR 314/99
(zur Abgrenzung von Amtshaftung und persönlicher Vertragshaftung für Pflichtverletzungen des Gerichtsvollziehers bei der Sequestration).

In : **WuB** IV A. § 839 BGB 1.01.

16. Anmerkung zum Urteil des **VG Magdeburg** vom 22. 2. 2001 – 3 A 255/99 MD (zum Übergang von öffentlich-rechtlichen Verpflichtungen aus der Beteiligung an einer Gesellschaft bürgerlichen Rechts auf die Erben des Gesellschafters).
In : **EWiR** 2001, S. 417–418.
17. Anmerkung zum Urteil des **BGH** vom 24. 4. 2001 – XI ZR 40/00 (zur Vollmacht beim Abschluß von Verbraucherkreditverträgen).
In : **EWiR** 2001, S. 563–564.
18. Anmerkung zum Urteil des **BGH** vom 15. 1. 2001 – II ZR 48/99 (zur Einforderung von Beiträgen im Wege der actio pro socio und zum Streitgegenstand des Anspruchs wegen Verschuldens bei Vertragsschluß).
In : **WuB** VII A. § 296 ZPO 1.01.
19. Anmerkung zum Urteil des **BGH** vom 4. 4. 2001 – VIII ZR 32/00 (zu Aufklärungs- und Sorgfaltspflichten des Verkäufers bei Verhandlungen über den Kauf eines Unternehmens oder von GmbH-Geschäftsanteilen).
In : **WuB** IV A. § 276 BGB 3.01. (Gemeinsam mit Dorothee Erttmann).
20. Anmerkung zum Urteil des **BGH** vom 10. 7. 2001 – XI ZR 198/00 (zur Vollmacht beim Abschluß von Verbraucherkreditverträgen).
In : **EWiR** 2001, S. 897–898. (Gemeinsam mit Rainer Bertram).
21. Anmerkung zum Urteil des **BGH** vom 23. 10. 2001 – XI ZR 63/01 (zur Verbrauchereigenschaft einer Gesellschaft bürgerlichen Rechts).
In : **EWiR** 2002, S. 93–94. (Gemeinsam mit Rainer Bertram).
22. Anmerkung zum Beschluß des **BGH** vom 13. 11. 2001 – XI ZR 122/01 (zur Unterscheidung des freiwilligen Angebots nach Art. 15 des Übernahmekodex der Börsensachverständigenkommission von dem gesetzlich vorgeschriebenen Angebot einer Barabfindung nach § 320 b AktG).
In : **LM** H. 3/2002 § 320 b AktG 1965 Nr. 2.
23. Anmerkung zum Urteil des **BGH** vom 18. 12. 2001 – XI ZR 156/01 (zur Anwendbarkeit von § 492 Abs. 1 S. 5 Nr. 2 BGB auf Festdarlehen mit Tilgungsaussetzung).
In : **EWiR** 2002, S. 237–238. (Gemeinsam mit Rainer Bertram).
24. Anmerkung zum Urteil des **LG Dresden** vom 16. 11. 2001 – 8-S-0033/01 (zur Haftung bei der fehlgeschlagenen und fortgeführten Vor-GmbH).
In : **EWiR** 2002, S. 285–286.
25. Anmerkung zum Urteil des **BGH** vom 28. 11. 2001 – VIII ZR 37/01 (zur Erfüllung der Aufklärungspflichten des Veräußerers beim Unternehmenskauf).
In : **WuB** IV A. § 276 BGB 1.02. (Gemeinsam mit Ralf Bergjan).
26. Anmerkung zum Urteil des **BGH** vom 17. 12. 2001 – II ZR 27/0

(zur gerichtlichen Überprüfung des Beschlusses zur Feststellung des Jahresabschlusses einer KG).
In : **LM** H. 8/2002 § 109 HGB Nr. 23.

27. Anmerkung zum Urteil des **BGH** vom 12. 11. 2001 – II ZR 225/99
(zur Beschlußfassung aufgrund von Beschlußvorschlägen des unvorschriftsmäßig besetzten Vorstands/„Sachsenmilch III").
In : **EWiR** 2002, S. 885-886. (Gemeinsam mit Ralf Bergjan).

28. Anmerkung zum Urteil des **BGH** vom 1. 7. 2002 – II ZR 380/00
(zur Rechtsfähigkeit einer ausländischen Gesellschaft, die ihren Verwaltungssitz nach Deutschland verlegt hat).
In : **BGHReport** 2002, S. 984-985.

29. Anmerkung zum Urteil des **BGH** vom 16. 9. 2002 – II ZR 1/00
(zum Umgehungsverbot bei Verrechnung der Einlageschuld mit einer Forderung des GmbH-Gesellschafters im Wege des Ausschüttungs-Rückhol-Verfahrens).
In : **EWiR** 2003, S. 63-64. (Gemeinsam mit Matthias Scharf).

30. Anmerkung zum Urteil des **Thüringer OLG** vom 21. 12. 1999 – 5 U 18/99
(zur Abberufung des Organmitglieds [Beirat] einer Stiftung).
In : **ZSt** 2003, S. 24-27.

31. Anmerkung zu dem Urteil des **LG Nürnberg-Fürth** vom 12. 11. 2002 – 11 O 6105/01
(zu den Voraussetzungen für die Annahme eines drohenden Verlustes bei verpfändeten Aktien und zum Schadensersatzanspruch wegen rechtswidriger Veräußerung einer Pfandsache).
In : **EWiR** 2003, S. 321-322. (Gemeinsam mit Ralf Bergjan).

32. Anmerkung zum Urteil des **BGH** vom 19. 3. 2003 – VIII ZR 295/01
(zum Aussschluß des Widerrufs eines Fernabsatzvertrages wegen Anfertigung der Ware nach Kundenspezifikation).
In : **BGHReport** 2003, S. 582-583.

33. Anmerkung zum Urteil des **BGH** vom 13. 3. 2003 – I ZR 290/00
(zum fehlenden Widerrufsrecht des Verbrauchers beim Abschluß eines Pay-TV-Abonnementvertrages).
In : **BGHReport** 2003, S. 715-716.

34. Anmerkung zu den Urteilen des **OLG Rostock** vom 10. 10. 2001 und vom 25. 9. 2002 – 6 U 126/00
(zur stillschweigenden Vereinbarung des Listenpreises sowie zur Rügepflicht bei offener Zuviellieferung unter Geltung des CISG).
In : **AW-Prax** 2003, S. 274-275.

35. Anmerkung zu dem Urteil des **LG München I** vom 5. 4. 2002 – 5 HKO 2178/01

(zum Kreis der nach § 287 Abs. 3 AktG von der Mitgliedschaft im Aufsichtsrat der KGaA ausgeschlossenen Personen).
In : **EWiR** 2003, S. 1167-1168. (Gemeinsam mit Alexander Kessler).

36. Anmerkung zum Beschluß des **BGH** vom 16. 9. 2003 – XI ZR 238/02
(zu den Voraussetzungen der Revisionszulassung nach § 543 Abs. 2 ZPO).
In : **WuB** VII A. § 543 ZPO 2.04.
37. Anmerkung zum Urteil des BGH vom 5. 2. 2004 – I ZR 90/01
(zum fehlenden Schriftformerfordernis bei Bagatell-Ratenlieferungsverträgen – Zeitschriftenabonnement im Internet).
In : **BGHReport** 2004, S. 714-715.
38. Anmerkung zu den Urteilen des **BGH** vom 14. 6. 2004 – II ZR 393/02, 374/02, 392/01, 395/01
(zum kreditfinanzierten Beitritt zu geschlossenen Immobilenfonds als verbundenes Geschäft i.S.d. VerbrKrG).
In : **BGHReport** 2004, S. 1290-1291. (Gemeinsam mit Sebastian Sandhaus).
39. Anmerkung zum Urteil des **BGH** vom 30. 6. 2004 – VIII ZR 321/03
(zur Beweislast für die Bösgläubigkeit des Käufers nach Art. 40 CISG).
In : **LMK** 2004, S. 201-202. (Gemeinsam mit Elisabeth Sauthoff).
40. Anmerkung zum Urteil des **BGH** vom 8. 6. 2004 – XI ZR 150/03
(zur Pflicht zur Angabe des Gesamtbetrages bei unechten Abschnittsfinanzierungen).
In : **WuB** I E 2. § 4 VerbrKrG 2.04. (Gemeinsam mit Elisabeth Sauthoff).
41. Anmerkung zum Urteil des **BGH** vom 21. 10. 2004 – III ZR 280/03
(zum Vorliegen eines Fernabsatzvertrages beim Einsatz eines Boten – Postident 2-Verfahren).
In : **BGHReport** 2005, S. 3-4.
42. Anmerkung zum Urteil des **BGH** vom 7. 7. 2005 – III ZR 397/04
(zum Nichtbestehen eines Provisionsanspruchs des Kreditvermittlers bei mangels Schriftform nach § 655b Abs. 2 BGB nichtigen Kreditvermittlungsvertrag).
In : **BGHReport** 2005, S. 1299.
43. Anmerkung zum Urteil des **OLG Nürnberg** vom 23. 8. 2005 – 3 U 991/05 F
(zur Forderung des Verkäufers auf Erstattung gezogener Nutzungen durch den Käufer hinsichtlich der ursprünglich gelieferten, Mangel behafteten Sache).
In : **EWiR** 2005, S. 819-820. (Gemeinsam mit Martin Zurlinden).
44. Anmerkung zum Urteil des **OLG Rostock** vom 5. 7. 2005 – 3 U 191/04
(zum Schriftformerfordernis bei Abschluss eines Finanzierungsleasingvertrages mit einem Verbraucher).
In : **EWiR** 2005, S. 873-874. (Gemeinsam mit Martin Zurlinden).
45. Anmerkung zum Urteil des **BGH** vom 6. 12. 2005 – XI ZR 139/05

(zur Nichtigkeit der Kreditvereinbarung gem. § 6 Abs. 1 Alt. 1 VerbrKrG)
In : **BGHReport** 2006, S. 379-380.

46. Anmerkung zum Urteil des **EuGH** vom 17. 1. 2006 – C-1/04 (Staubitz-Schreiber) (zur perpetuatio fori im europäischen Insolvenzrecht).
In : **WuB** VI A. § 4 InsO 1.06 (Gemeinsam mit Ulrich Klockenbrink).
47. Anmerkung zum Urteil des BGH vom 24. 3. 2006 – V ZR 173/05 (zum Rücktritt trotz Geringfügigkeit der Pflichtverletzung bei Arglist des Schuldners).
In : **BGHReport** 2006, S. 826-827.
48. Anmerkung zum Urteil des BGH vom 12. 4. 2007 – VII ZR 122/06 (zum Beginn der Widerrufsfrist beim Haustürgeschäft).
In : **BGHReport** 2007 (Im Erscheinen).

XII. Rezensionen

1. Buchbesprechung : **Wohlleben**, Hermann Peter : Informationsrechte des Gesellschafters. Köln u. a. 1989 (Abhandlungen zum deutschen und europäischen Handels- und Wirtschaftsrecht AHW ; 65).
In : **KTS** 1995, S. 131-136.
2. Buchbesprechung : **Binge**, Christoph : Gesellschafterklagen gegen Maßnahmen der Geschäftsführer in der GmbH. Köln u. a. 1994 (Abhandlungen zum deutschen und europäischen Handels- und Wirtschaftsrecht AHW ; 88).
In : **KTS** 1995, S. 136-141.
3. Buchbesprechung : **Lipp**, Volker : Das private Wissen des Richters. Zur Unparteilichkeit des Richters im Prozeß. Heidelberg 1995 (Mannheimer rechtswissenschaftliche Abhandlungen ; 18).
In : **ZZP** 110 (1997), S. 244-248.
4. Buchbesprechung : **Lakkis**, Panajotta : Der kollektive Rechtsschutz der Verbraucher in der Europäischen Union – dargestellt an der Verbandsklage der Verbraucherverbände nach dem AGBG, dem UWG und dem griechischen Verbraucherschutzgesetz. Bielefeld 1997 (Schriften zum Deutschen und Europäischen Zivil-, Handels- und Prozeßrecht ; 172).
In : **ZZP** 112 (1999), S. 114-116.
5. Buchbesprechung : **Schröder**, Matthias : Schiedsgerichtliche Konfliktbeilegung bei aktienrechtlichen Beschlußmängelklagen. Köln u. a. 1999.
In : **ZHR** 164 (2000), S. 342-345.
6. Buchbesprechung : **Lackmann**, Rolf : Zwangsvollstreckungsrecht mit Grundzügen des Insolvenzrechts. Eine Einführung in Recht und Praxis. 4. Aufl., München 1998.

In : **NZI** 2000, S. 305.

7. Buchbesprechung : **Honold**, Barbara : Die Pfändung des Arbeitseinkommens. Eine rechtsvergleichende Untersuchung. Bielefeld 1998.
   In : **ZZP** 113 (2000), S. 373-377.
8. Buchbesprechung : **Zöller**, Zivilprozeßsordnung. Kommentar. 22. Aufl., Köln 2001.
   In : **WM** 2001, S. 1395-1396.
9. Buchbesprechung : **Härting**, Niko : Fernabsatzgesetz. Kurzkommentar. Köln 2001.
   In : **WM** 2001, S. 2027-2028.
10. Buchbesprechung : **Hackenberg**, Ulf : Der Erfüllungsort von Leistungspflichten unter Berücksichtigung des Wirkungsortes von Erklärungen im UN-Kaufrecht und der Gerichtsstand des Erfüllungsortes im deutschen und europäischen Zivilprozeßrecht. Hamburg 2000.
    In : **ZZP** 115 (2002), S. 267-269.
11. Buchbesprechung : **Rugullis**, Sven : Litispendenz im Europäischen Insolvenzrecht. Köln u. a. 2002 (Schriften zum Insolvenzrecht ; 14).
    In : **ZZP** 116 (2003), S. 522-523.
12. Buchbesprechung : **Graf**, Ulrike : Die Anerkennung ausländischer Insolvenzentscheidungen. Tübingen 2003 (Studien zum ausländischen und internationalen Privatrecht ; 113).
    In : **RabelsZ** 69 (2005), S. 394-399.
13. Buchbesprechung : **Schlüter**, Andreas : Stiftungsrecht zwischen Privatautonomie und Gemeinwohlbindung. Ein Rechtsvergleich Deutschland, Frankreich, Italien, England, USA. München 2004 (Schriften des Rechtszentrums für Europäische und Internationale Zusammenarbeit [R. I. Z.] ; 21).
    In : **RabelsZ** 70 (2006), S. 640-646.
14. Buchbesprechung : **Dornseifer**, Frank (ed.) : Corporate Business Forms in Europe. A Compendium of Public and Private Limited Companies in Europe. München 2005.
    In : European Review of Private Law (**ERPL**) 2007, S. 175-177.

XIII. Herausgeber- und Mitherausgeberschaft

—*Kommentare*—

1. **Hk-ZPO.** Zivilprozessordnung, Handkommentar.
   Baden-Baden : Nomos, 1. Aufl. 2005.
2. **Hk-ZPO.** Zivilprozessordnung, Handkommentar.
   Baden-Baden : Nomos, 2. Aufl. 2007.

—Handbuch—

Das Mandat im Handels- und Gesellschaftsrecht.
Baden-Baden: Nomos 2007. Mit Lutz Aderhold, Karlheinz Lenkaitis und Gerhard Speckmann.

—Sammelbände—

1. **Brücken für die Rechtsvergleichung.**
   Festschrift für Hans G. Leser zum 70. Geburtstag.
   Tübingen: Mohr Siebeck, 1998. Mit Olaf Werner, Peter Häberle, Zentaro Kitagawa.
2. **Der Ausgleichsanspruch des Handelsvertreters.** Beispiel für die Fortentwicklung angeglichenen europäischen Rechts.
   Baden-Baden: Nomos, 2000 (Europäisches Privatrecht. Sektion B: Gemeinsame Rechtsprinzipien, Band 11). Mit Reiner Schulze.
3. **Europäisches Gesellschafts- und Unternehmensrecht.**
   Baden-Baden: Nomos, 2002.
4. **Rechtsvergleichung als zukunftsträchtige Aufgabe.**
   Münster: Lit-Verlag, 2004 (Münsteraner Studien zur Rechtsvergleichung, Band 100). Mit Otto Sandrock, Bernhard Großfeld, Claus Luttermann und Reiner Schulze.
5. **Juristenausbildung als Leidenschaft.**
   Festgabe für Olaf Werner zum 65.
   Geburtstag. Jena: Selbstverlag Michael Hinz, 2004. Mit Jörg Hanna und Elke Roos.
6. **Forum Unternehmenskauf 2004** aus dem Münsteraner M & A-Studiengang (LL.M./EMBA).
   Aachen: Shaker, 2004 (Berliner Schriftenreihe zum Steuer- und Wirtschaftsrecht, Band 12). Mit Dieter Birk und Reinhard Pöllath.
7. **Forum Steuerrecht 2004** aus dem Münsteraner LL.M.-Studiengang.
   Aachen: Shaker, 2005 (Berliner Schriftenreihe zum Steuer- und Wirtschaftsrecht, Band 15). Mit Dieter Birk und Reinhard Pöllath.
8. **Forum Unternehmenskauf 2005.** Aus dem Münsteraner Studiengang „Mergers & Aquisitions. Baden-Baden: Nomos, 2006. Mit Dieter Birk und Reinhard Pöllath.
9. **Forum Steuerrecht 2006** aus dem Münsteraner Studiengang „Steuerwissenschaften“. Baden-Baden: Nomos, 2006. Mit Dieter Birk und Reinhard Pöllath.
10. **Forum Unternehmenskauf 2006.** Aus dem Münsteraner Studiengang „Mergers & Aquisitions“. Baden-Baden: Nomos, 2006. Mit Dieter Birk und

Reinhard Pöllath.

—Reihen—

Münsteraner Studien zur Rechtsvergleichung.
Münster : LIT Verlag. Mit Otto Sandrock, Bernhard Großfeld, Claus Luttermann, Reiner Schulze (seit 2002).
Berliner Schriftenreihe zum Steuer- und Wirtschaftsrecht.
Aachen : Shaker. Mit Dieter Birk, Reinhard Pöllath (seit 2002).
Schriftenreihe zum europäischen, internationalen und vergleichenden Unternehmensrecht.
Baden-Baden : Nomos. Mit Ulrich Ehricke und Christoph Seibt (seit 2005).

—Zeitschriften—

Zeitschrift zum Stiftungswesen (ZSt).
Berlin : Berliner Wissenschafts-Verlag. Mit Olaf Werner u. a. (seit 2003).
Internationales Handelsrecht (IHR).
Zeitschrift für das Recht des internationalen Warenkaufs und des -vertriebs.
München : Sellier. European Law Publishers. Mit Rolf Herber u. a. (seit 2005).
Contratto e impresa / Europa.
Padua : Cedam. Mitglied der deutschen Redaktion (seit 2006).

—Internet-Publikationen—

beck-online **fachdienst mergers & acquisitions.** Aktuelle Informationen zu M & A. Wissenschaftlicher Beirat (seit 2007).

XIV. Sonstiges

1. Glückwunsch : **Hans G. Leser** 70 Jahre.
   In : **JZ** 1998, S. 1162.
2. Editorial : **Stiftung ohne Grenzen.**
   In : **ZSt** 2004, S. 2.
3. Editorial : **Stiftungen im Europa der 25.**
   In : **ZSt** 2004, S. 226.
4. **Schwerpunktbereich Rechtsgestaltung und Streitbeilegung.**
   In : **Ad Legendum** 2005, S. 115-116.
5. **Editorial.**
   In : **ZSt** 2006, S. 146.
6. **Praxisausbildung an der Münsteraner Fakultät.**
   In : **Ad Legendum** 2007, S. 134-135.

編訳者紹介

古積《こずみ》健三郎《けんざぶろう》

1965年　宮城県に生まれる

1988年3月　京都大学法学部卒業

1990年3月　京都大学大学院法学研究科民刑事法専攻修士課程修了

2004年4月　中央大学法学部・法科大学院教授（現職）

主要業績

『民法3担保物権法〔第2版〕』平野裕之，田高寛貴共著（有斐閣，2005年）

『物権法』松尾弘共著（弘文堂，2005年）

山内《やまうち》惟介《これすけ》

1946年　香川県に生まれる

1971年3月　中央大学法学部法律学科卒業

1973年3月　中央大学大学院法学研究科民事法専攻修士課程修了

1984年4月　中央大学法学部教授（現職）

主要業績

『海事国際私法の研究』（中央大学出版部，1988年）

『国際公序法の研究』（中央大学出版部，2001年）

『国際私法・国際経済法論集』（中央大学出版部，2001年）

『国際会社法研究　第一巻』（中央大学出版部，2003年）

グロスフェルト著（山内訳）『多国籍企業の法律問題』（中央大学出版部，1982年）

グロスフェルト著（山内訳）『国際企業法』（中央大学出版部，1989年）

グロスフェルト著（山内・浅利訳）『比較法文化論』（中央大学出版部，2004年）

ゼンガー教授講演集

ドイツ・ヨーロッパ民事法の今日的諸問題

日本比較法研究所翻訳叢書（54）

2007年10月25日　初版第1刷発行

編訳者　古積　健三郎
　　　　山内　惟介

発行者　福田　孝志

発行所　中央大学出版部

〒192-0393
東京都八王子市東中野742-1
電話042(674)2351・FAX042(674)2354
http://www2.chuo-u.ac.jp/up/

ISBN　978-4-8057-0355-7　大森印刷

日本比較法研究所翻訳叢書

0	杉山直治郎訳	仏蘭西法諺	B6判（品切）
1	F・H・ローソン 小堀憲助他訳	イギリス法の合理性	A5判 一二六〇円
2	B・N・カドーゾ 守屋善輝訳	法の成長	B6判（品切）
3	B・N・カドーゾ 守屋善輝訳	司法過程の性質	B6判（品切）
4	B・N・カドーゾ 守屋善輝訳	法律学上の矛盾対立	B6判 七三五円
5	ヴィノグラドフ 矢田一男他訳	中世ヨーロッパにおけるローマ法	A5判（品切）
6	R・E・メガリ 金子文六他訳	イギリスの弁護士・裁判官	A5判 一二六〇円
7	K・ラーレンツ 神田博司他訳	行為基礎と契約の履行	A5判（品切）
8	F・H・ローソン 小堀憲助他訳	英米法とヨーロッパ大陸法	A5判（品切）
9	I・ジュニングス 柳沢義男他訳	イギリス地方行政法原理	A5判（品切）
10	守屋善輝編	英米法諺	B6判 三一五〇円
11	G・ボーリー他 新井政男他訳	〔新版〕消費者保護	A5判 二九四〇円
12	A・Z・ヤマニー 真田芳憲訳	イスラーム法と現代の諸問題	B6判 九四五円
13	ワインスタイン 小島武司編訳	裁判所規則制定過程の改革	A5判 一五七五円
14	カペレッティ編 小島武司編訳	裁判・紛争処理の比較研究(上)	A5判 二三一〇円
15	カペレッティ 小島武司他訳	手続保障の比較法的研究	A5判 一六八〇円
16	J・M・ホールデン 高窪利一監訳	英国流通証券法史論	A5判 四七二五円
17	ゴールドシュティン 渥美東洋監訳	控えめな裁判所	A5判 一二六〇円

日本比較法研究所翻訳叢書

18	カペレッティ編 小島武司編訳	裁判・紛争処理の比較研究(下)	A5判 二七三〇円
19	ドゥローブニク他編 真田芳憲他訳	法社会学と比較法	A5判 三一五〇円
20	カペレッティ編 小島・谷口編訳	正義へのアクセスと福祉国家	A5判 四七二五円
21	P・アーレンス編 小島武司編訳	西独民事訴訟法の現在	A5判 三〇四五円
22	D・ヘーンリッヒ編 桑田三郎編訳	西ドイツ比較法学の諸問題	A5判 五〇四〇円
23	P・ギレス編 小島武司編訳	西独訴訟制度の課題	A5判 四四一〇円
24	M・アサド 真田芳憲訳	イスラームの国家と統治の原則	A5判 二〇四〇円
25	A・M・プラット 藤本・河合訳	児童救済運動	A5判 二五四九円
26	M・ローゼンバーグ 小島・大村編訳	民事司法の展望	A5判 二三四五円
27	B・グロスフェルト 山内惟介訳	国際企業法の諸相	A5判 四二〇〇円
28	H・U・エーリヒゼン 中西又三編訳	西ドイツにおける自治団体	A5判 一六八〇円
29	P・シュロッサー 小島武司編訳	国際民事訴訟の法理	A5判 (品切)
30	P・シュロッサー他 小島武司編訳	各国仲裁の法とプラクティス	A5判 一五七五円
31	P・シュロッサー 小島武司編訳	国際仲裁の法理	A5判 一四七〇円
32	張晋藩 真田芳憲監修	中国法制史(上)	A5判 (品切)
33	W・M・フライエンフェルス 田村五郎編訳	ドイツ現代家族法	A5判 (品切)
34	K・F・クロイツァー 山内惟介監修	国際私法・比較法論集	A5判 三六七五円
35	張晋藩 真田芳憲監訳	中国法制史(下)	A5判 四〇九五円

日本比較法研究所翻訳叢書

36	J・レジェ他 山野目章夫他訳	フランス私法講演集	A5判 一五七五円
37	G・C・ハザード他 小島武司 編訳	民事司法の国際動向	A5判 一八九〇円
38	オトー・ザンドロック 丸山秀平 編訳	国際契約法の諸問題	A5判 一四七〇円
39	E・シャーマン 大村雅彦 編訳	ADRと民事訴訟	A5判 一三六五円
40	ルイ・ファボルー他 植野妙実子 編訳	フランス公法講演集	A5判 三一五〇円
41	S・ウォーカー 藤本哲也 編訳	民衆司法――アメリカ刑事司法の歴史	A5判 四二〇〇円
42	ウルリッヒ・フーバー他 吉田豊・勢子 編訳	ドイツ不法行為法論文集	A5判 七六六五円
43	スティーヴン・L・ペパー 住吉博 編訳	道徳を超えたところにある法律家の役割	A5判 四二〇〇円
44	W・マイケル・リースマン他 宮野洋一他訳	国家の非公然活動と国際法	A5判 三七八〇円
45	ハインツ・D・アスマン 丸山秀平 編訳	ドイツ資本市場法の諸問題	A5判 一九九五円
46	デイヴィド・ルーバン 住吉博 編訳	法律家倫理と良き判断力	A5判 六三〇〇円
47	D・H・ショイイング 石川敏行 監訳	ヨーロッパ法への道	A5判 三一五〇円
48	ヴェルナー・F・エプケ 山内惟介 編訳	エプケ教授講演集 経済統合・国際企業法・法の調整	A5判 二八三五円
49	トビアス・ヘルムス 野沢・遠藤 訳	生物学的出自と親子法	A5判 三八八五円
50	ハインリッヒ・デルナー 野沢・山内 編訳	ドイツ民法・国際私法論集	A5判 二四一五円
51	フリッツ・シュルツ 眞田芳憲・森光 訳	ローマ法の原理	A5判 四三〇五円
52	シュテファン・カーデルバッハ 山内惟介 編訳	国際法・ヨーロッパ公法の現状と課題	A5判 一九九五円
53	ペーター・ギレス 小島武司 編	民事司法システムの将来	A5判 二七三〇円

＊価格は消費税５％を含みます。